MEDELTIDA LANDSBYGD

Medeltida landsbygd

En arkeologisk utvärdering
– Forskningsöversikt, problemområden, katalog

LARS ERSGÅRD
ANN-MARI HÅLLANS

Riksantikvarieämbetet
Arkeologiska undersökningar
Skrifter nr 15

Boken kan beställas från Riksantikvarieämbetet, UV Stockholm, Box 17193, 104 62 Stockholm,
tel: 08-783 90 00, fax: 783 97 59

Grafisk form och layout: Tina Hedh-Gallant
Omslag: Göran Skarbrandt. Omslagsbilden föreställer "Sommaren" av Pieter Bruegel

© 1996 Riksantikvarieämbetet
Tryck: Grafiska Gruppen, Stockholm
ISBN 91-7209-007-3
ISSN 1102-187X
ISRN R-AU-S--15-ST--SE

Innehåll

Förord

Projektet *Medeltida landsbygd* syftar till att skapa en bättre grund för antikvarisk tillämpning och arkeologisk forskning med inriktning på landsbygdens medeltida arkeologiska lämningar.

Projektet består av fyra delar:

- sammanställning av medeltida landsbygdsundersökningar utförda mellan 1955–1992
- formulering av rådande forskningsläge
- konkretisering av aktuella arkeologiska problem mot bakgrund av ett nytt synsätt
- utvärdering av ett antal nyckellokaler

De tre förstnämnda delarna presenteras i denna publikation, som är resultatet av ett arbete som genomfördes under 1993–94. Utgångspunkten för den fjärde delen, utvärderingen av ett antal nyckellokaler, är förhållandet vetenskapligt perspektiv – frågeställningar – metodval – resultat. I utvärderingen ingår också en presentation av en utvärderingsmodell. Denna publiceras inom kort som en separat pilotstudie. Själva utvärderingen planeras att genomföras som ett projekt till vilket särskilda medel sökes.

Medeltida landsbygd är ett samarbetsprojekt mellan Riksantikvarieämbetet centralt, UV Stockholm och Lunds universitet. Projektledare är Lars Ersgård, tf professor i medeltidsarkeologi vid Lunds universitet. Författare till rapporten är Lars Ersgård och Ann-Mari Hållans. Ann-Mari Hållans är 1:e antikvarie vid UV Stockholm tillika doktorand i medeltidsarkeologi. Intiativtagare till projektet är Marie Holmström, tidigare anställd vid Riksantikvarieämbetet centralt, numera chef för UV Linköping.

Agneta Lagerlöf
avdelningschef, UV Mitt

Inledning

En huvudanledning till att göra en utvärdering av den arkeologi, som bedrivits kring den medeltida landsbygden i Sverige, är den obalans mellan forskning och fältarbete, som blivit alltmera påtaglig under senare år. Situationen kan liknas vid den som rådde i de medeltida städerna i början av 70-talet. Det antikvariska läget harmonierar inte längre med ett rådande forskningsläge. Till följd av ett ökat exploateringstryck framför allt i samband med den storskaliga utbyggnaden av infrastrukturen har landsbygdens medeltida lämningar i allt högre grad kommit att bli föremål för arkeologiska undersökningar. Samtidigt är den teoretiska och metodiska beredskapen vad gäller utforskandet av dessa lämningar fortfarande påfallande låg.

Det föreligger således ett starkt behov att aktivera en primärt arkeologisk diskussion kring den medeltida landsbygden. I första hand har historiker och kulturgeografer varit tongivande inom detta forskningsfält och deras primära utgångspunkter har utgjorts av de skrivna källorna och det äldsta kartmaterialet. Det har dock inte varit ovanligt inom den historiska kulturgeografin att använda arkeologisk metod för att verifiera hypoteserna.

Att förändra ovan beskrivna situation framstår som en högst angelägen uppgift. Föreliggande text kan betraktas som det första steget i en utvärdering av den medeltida landsbygdsarkeologin, vars generella syfte är att skapa en såväl teoretisk som empirisk utgångspunkt för vidare verksamhet kring ämnet. Denna utvärdering är planerad att genomföras enligt följande disposition:

1. *Formulering av ett forskningsläge. Här gäller det att granska insatser och inventera problem i arkeologisk forskning. I viss utsträckning kommer även verksamhet inom näraliggande discipliner såsom kulturgeografi och historia att diskuteras. Målet är emellertid ytterst att kunna urskilja ett specifikt arkeologiskt perspektiv på den medeltida landsbygden.*
2. *Konkretisering av aktuella arkeologiska problemområden. Med avstamp i det forskningsläge, som definierats i föregående avsnitt, formuleras problemställningar vilka skall fungera som utgångspunkt för analysen av ett antal arkeologiska nyckellokaler.*
3. *Inventering och sammanställning av landsbygdsundersökningar. Detta moment omfattar en sammanställning av samtliga arkeologiska undersökningar av medeltida bebyggelselämningar på landsbygden i Sverige under åren 1955–1992 med undantag för kyrko- och borgundersökningar.*
4. *Utvärdering av arkeologiska nyckellokaler. På grundval av inventeringen enligt punkt 3 utväljes ett antal undersökningslokaler från olika regioner i landet. Dessa lokaler analyseras med utgångspunkt från de problemområden som formulerats enligt punkt 2. Meningen är att dessa analyser skall ge ett underlag för en generell diskussion kring svensk landsbygdsarkeologi, kring den teoretiska och metodiska inriktning den hittills haft och kring framtida utvecklingsmöjligheter för verksamheten.*

Ovan beskrivna projekt planeras att genomföras i två steg. Det första omfattar punkterna 1 till 3 enligt ovan, dvs formulering av forskningsläge, aktuella problemområden samt inventering, och redovisas i föreliggande text. Steg 2 omfattar således punkt 4, utvärdering av utvalda nyckellokaler, och redovisas i en kommande publikation.

Forskningsläget

Några avgränsningar

Inledningsvis finns det skäl att kort kommentera de rumsliga och kronologiska perspektiven i detta projekt. I antikvarisk praxis är begreppet medeltida bytomt sedan länge vedertaget, ett begrepp som således innehåller både en bestämd tid och ett bestämt rum. Detta begrepp har emellertid upplevts som alldeles för snävt för att kunna användas som en överordnad, innehållsmässig ram för detta projekt. Varken bytomt eller medeltid är oproblematiska fenomen. By står inte för en alltigenom välavgränsad och väldefinierad bebyggelseenhet utan kan snarast sägas vara en samlande beteckning för en mängd regionala varianter, bland vilka de topografiska mönstren kan vara mycket olikartade. Istället har valts det vidare rumsliga begreppet landsbygd. Med detta avses ett område utan några fasta, formella gränser. I enlighet med en definition, som Ulf Sporrong formulerat, kan det sägas vara format både av naturen och av människors arbete med jorden (Sporrong 1990). Häri innefattas därmed såväl bebyggelse som odlingsmarker. Vad gäller begreppet medeltid är den traditionella avgränsningen av denna epok till tidsskedet 1050–1520 inte relevant i detta sammanhang. Den medeltida bebyggelsen kan generellt sägas vara en följd av en expansion, som tar sin början redan under yngre järnålder. Vad gäller en främre kronologisk gräns är de mönster i bebyggelse och odling, som slutligen brytes i och med de stora skiftena i slutet av 1700-talet och under 1800-talet, i mycket av medeltida ursprung.

För detta projekts vidkommande kan därmed följande avgränsningar göras. Projektet tar en utgångspunkt i en medeltid i traditionell mening men det generella kronologiska perspektivet är snarast en lång medeltid från yngre järnålder till nyare tid. I huvudsak är det bebyggelsen som kommer att bli föremål för studium men bebyggelsen ingår som en del i ett större rumsligt sammanhang, som här fått den vida och mindre precisa benämningen landsbygd.

Fig 1. *Arkeologer i arbete. Säby bytomt i Norrsunda socken, Uppland, undersökt 1992–93. Foto: UV Stockholm.*

Synsätt

I forskningen kring den medeltida landsbygden kan olika grundläggande synsätt urskiljas. Skillnader i synsätt har otvivelaktigt ett samband med skillnader i forskningstraditioner och källmaterial, dvs med de traditionella gränserna mellan ämnesdisciplinerna historia kulturgeografi och arkeologi. Vi skall dock kunna se att det även inom ett ämne som arkeologi finns exempel på skilda uppfattningar.

Inom ämnet historia har det framför allt varit administrativa förhållanden som stått i fokus för intresset. Källmaterialet – landskapslagar, jordeböcker, diplom – är ofta av normativ karaktär. Den medeltida landsbygden har sålunda blivit något som kunnat indelas i kamerala enheter. Gårdar och åkrar har i första hand betraktats som skatteobjekt. Också inom den historiska kulturgeografin framträder ofta en administrerad landsbygd. Det är dock inte de olika fiskala systemen för taxering av jorden som är huvudsaken utan snarare odlingslandskapets rumsliga organisation i generell mening. Som regel har alltid de äldsta lantmäterikartorna varit den viktigaste empiriska utgångspunkten men under de senaste decennierna har de fossila spåren efter äldre kulturlandskap i ökad utsträckning kommit att bli ett primärt källmaterial för den historiska kulturgeografin. Den rådande inriktningen inom detta ämne har därför framför allt varit att studera det mätbara landskapet, i synnerhet de rumsliga system efter vilka odlingsmarken organiserats.

Inom arkeologin har frågor kring bebyggelsestruktur och kronologi varit framträdande. Dylika frågor har framför allt koncentrerats kring några specifika historiska problem såsom bybildningen under tidig medeltid och ödeläggelsen under senmedeltid. I sammanhanget bör man dock även nämna den livaktiga forskningstradition, som med en empirisk utgångspunkt i de synliga fornlämningarna från yngre järnålder, främst gravfälten, försökt rekonstruera de äldsta systemen för territoriell indelning under senvikingatid och tidig medeltid. För arkeologin har den medeltida landsbygden således blivit liktydig med den medeltida agrara bebyggelsen i ganska snäv bemärkelse. Under senare år har dock intentionen att studera relationer mellan denna bebyggelse och dess omgivande miljö blivit allt vanligare.

Det ovanstående har varit ett försök att urskilja några grundläggande perspektiv i forskningen kring den medeltida landsbygden, vilka kan sägas vara karakteristiska för respektive ämne. Detta betyder inte att det finns eller ens funnits några vattentäta skott mellan ämnena. Tvärtom har det under de senaste decennierna varit en ovanligt livlig kommunikation över disciplingränserna, kanske främst mellan den historiska kulturgeografin och arkeologin. Såväl vid exploateringsgrävningar som inom forskningsprojekt har det snarast blivit regel att samarbeta mellan de bägge sistnämnda ämnena. Emellertid har geografin sannolikt haft ett betydligt större inflytande på arkeologin än vad den senare kunnat utöva i den motsatta riktningen. Vad kulturgeografin framför allt kunnat skänka arkeologin är en vidare rumslig kontext kring bebyggelselämningarna. I mindre grad har geograferna tagit till sig ett rent arkeologiskt innehåll rörande bebyggelsens karaktär i sina analyser av landskapet. Snarare har man tillägnat sig en arkeologisk metod för att kunna klargöra komplicerade kronologiska sammanhang i de fossila odlingslandskapen. Ett likartat förhållande möter man också mellan arkeologi och historia. Den förras resultat användes ofta enbart för att bekräfta de skrivna källornas utsagor.

Vad som förenar de ovan beskrivna synsätten är en gemensam, oftast underförstådd och odiskutabel inställning till den medeltida landsbygden som ett utpräglat produktionslandskap. Dess utveckling uppfattas sålunda som en helt igenom ekonomisk process. Landskapet är ett resursområde med ett antal brukningsenheter. Ur detta område utvinner brukningsenheternas invånare kalorier, genom åkerbruk och/eller boskapsskötsel, för att säkra den egna överlevnaden. Förändringar i landskapet förklaras oftast med hänvisning till den klassiska ekonomins teoribildning, dvs som förorsakade av en ny teknologi eller av befolkningsförändringar.

Mot detta ekonomiska synsätt skulle man kunna ställa ett annat, som först under de allra senaste åren börjat ta form. Man kan kalla detta för ett kulturellt synsätt. Det grundar sig på den uppfattningen att landskapet med allt sitt innehåll formats, inte efter några generella ekonomiska lagar, utan efter speciella, kulturellt bestämda föreställningar. Dylika föreställningar har inte endast varit bestämmande för hur landskapets naturliga resurser definierats och utnyttjats, de har även bestämt hur tillvaron i sin helhet i detta landskap formats av människor, exempelvis vad gäller sociala relationer, religiösa sedvänjor, ekonomiska aktiviteter etc. Eftersom dessa, kulturellt givna föreställningar är bundna i tid och rum har vi här att studera dels det historiskt specifika landskapet dels det regionalt varierande landskapet.

Ett sådant kulturellt synsätt har ännu inte kommit att konsekvent tillämpas i någon studie av den medeltida landsbygden men ansatser finns såväl inom arkeologin som den historiska kulturgeografin. Det finns anledning att framhålla möjligheterna för arkeologin att utifrån denna teoretiska utgångspunkt närma sig mångfalden av olikartade materiella lämningar i landskapet och analysera dem som uttryck för bestämda, kulturella handlingsmönster. Kanske kan arkeologin här finna en alldeles egen väg att vandra i studiet av den medeltida landsbygden.

Forskningsresultat

Syftet med följande kapitel är att presentera och granska resultat som de senaste decenniernas forskning kring den medeltida landsbygden genererat. Det kommer att i första hand handla om arkeologiska insatser men berör även verksamhet kring ämnet inom historia och kulturgeografi, eftersom den aktuella forskningen i stor utsträckning bedrivits på tvärvetenskaplig basis. Det primära är emellertid att fokusera intresset på arkeologins roll i sammanhanget.

Presentationen av forskningsresultat gör inte några anspråk på fullständighet men strävar efter att ge en representativ bild av forskningsläget. Meningen är alltså inte att kommentera allt som skrivits rörande den medeltida landsbygden men att lyfta fram vad som kan uppfattas som de viktigaste resultaten. Målsättningen är även att i geografiskt avseende försöka ge en så representativ beskrivning av läget som möjligt. Ett relativt stort utrymme kommer att ägnas några forskningsprojekt, som pågått under 1980-talet och som med sina breda, tvärvetenskapliga perspektiv på kulturlandskapsutvecklingen i hög grad bidragit till att aktivera forskning kring den medeltida landsbygden. Vid sidan av dessa större arbeten kommer emellertid även några enskilda, mindre omfattande insatser att uppmärksammas, vilka antingen genom sin teoretiska infallsvinkel eller sin fokusering på tidigare mindre kända geografiska områden kunnat förnya debatten.

Ystadsprojektet

Kulturlandskapet under 6 000 år. En tvärvetenskaplig studie av människan och landskapet i en sydskånsk bygd

Ett symposium 1979, Människan, kulturlandskapet och framtiden, gav incitament till flera större forskningsprojekt kring det äldre kulturlandskapet, vilka fick sitt praktiska genomförande under 1980-talet. Det mest omfattande av dessa och det i tvärvetenskapligt hänseende bredast anlagda var det s k Ystadsprojektet. Medverkande i detta projekt var sex discipliner vid Lunds universitet, arkeologi, medeltidsarkeologi, historia, kulturgeografi, kvartärgeologi och växtekologi. Huvudsyftet var att studera de förändringar som kulturlandskapet i två härader i södra Skåne genomgått under 6 000 år. Människans påverkan i landskapet har under denna långa tidsrymd varit ständigt ökande men utvecklingen har härvidlag varierat mellan perioder av expansion och reg-

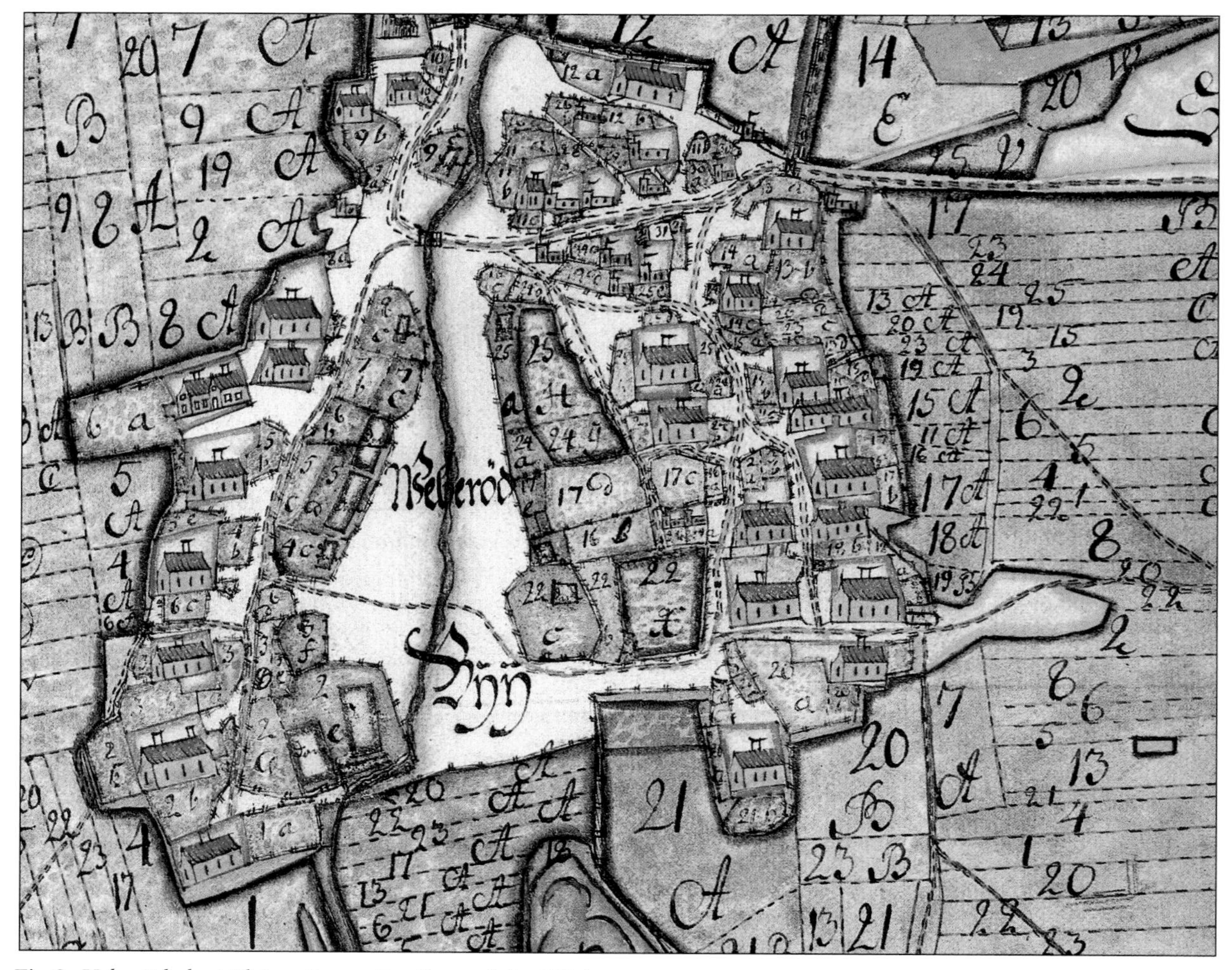

Fig 2. *Veberöds by i Skåne. Lantmäterikarta från 1704.*

ression. De bakomliggande orsakerna till dessa skiftande konjunkturer har man inom projektet försökt finna i ett studium av demografiska förhållanden, social organisation, ekonomi och teknologi.

Det arkeologiska studiet av det medeltida kulturlandskapet har inom Ystadsprojektet främst varit inriktat på tre fenomen, nämligen byn, kyrkan och huvudgården. För byns vidkommande har problematiken gällt den centrala frågan kring uppkomstprocessen samt bybebyggelsens expansion under högmedeltid. Härvidlag har bebyggelsen studerats i förhållande till tre ekologiska zoner, som det aktuella undersökningsområdet kunde indelas i. Kyrkorna har i första hand utnyttjats för att studera ideologiska och sociala förhållanden men har även kunnat användas för att belysa mera generella, ekonomiska och demografiska konjunkturer i landskapet. Huvudgårdarna slutligen har varit ett källmaterial till kartläggning av maktstrukturer i området.

Nämnda undersökningar har skett i samarbete

framför allt med historiker samt i viss utsträckning även med kulturgeografer. Vidare har paleoekologisk expertis medverkat. Sålunda har odlingslandskapet i de båda sydskånska häraderna omkring 1300 kunnat rekonstrueras med hjälp av paleoekologiskt material i kombination med arkeologiska och skriftliga källor.

Ystadsprojektets resultat vad gäller den medeltida landsbygdens utveckling kan i korthet summeras enligt följande. Den medeltida bebyggelsebilden, kännetecknad av ett utpräglat bylandskap, tar av allt att döma form i vikingatidens slutskede, senare delen av 900-talet/början av 1000-talet. En bebyggelse av mera mobil karaktär avlöses av byar i permanenta lägen. De första stenkyrkorna börjar byggas under 1000-talets andra hälft, sannolikt efter ett mera dunkelt skede med träkyrkor. Samtidigt framträder huvudgårdar, som är föregångare till de medeltida godsen. Dessa gårdar är under äldre medeltid belägna inne i byarna. I samband med dessa bebyggelseförändringar har också plogbruket och flersädessystemet införts. Vad gäller senmedeltida förhållanden är det främst omstruktureringen av huvudgårdssystemet som projektet kunnat belysa. Huvudgården flyttar ut ur byn under senmedeltiden till ett från övrig bebyggelse avskilt läge. Kring dessa nya huvudgårdar växer omfattande godsdomäner fram, vilka starkt kommer att prägla delar av undersökningsområdet under 1500–1600-talet. Andra aspekter av den senmedeltida landskapsutvecklingen såsom eventuell ödeläggelse av bebyggelse behandlas däremot inte av projektet.

Det generella perspektivet vad gäller Ystadsprojektets undersökningar kring den medeltida landsbygden är ett utpräglat ekonomiskt-ekologiskt, vilket för övrigt också kännetecknar projektet i dess helhet. Människans agerande i landskapet är i allt väsentligt anpassat efter den produktion som där försiggår, ett resursutnyttjande determinerat av speciella ekologiska förutsättningar. Förklaringar till dynamiken i landskapsutvecklingen, alltså variationen mellan expansion och regression, sökes i första hand i befolkningsförändringar. Ett relativt stort utrymme ägnas de sociala förhållandena i undersökningsområdet så som dessa är åtkomliga genom studiet av kyrkor och huvudgårdar. Sambandet mellan dessa element och övrig bebyggelse är mycket tydligt betonat i de redovisade analyserna. Emellertid är en verklig integrering av sammanfattande tolkningar i olika resultat vad gäller ekonomi, ideologi och sociala förhållanden ganska outvecklad.

Barknåreprojektet

Individen samhället och kulturlandskapet

Symposiet *Människan, kulturlandskapet och framtiden* som hölls 1979 inspirerade inte bara till "Ystadprojektet" och "Lule-älvsprojektet" utan tog också initiativet till "Barknåre-projektet". I jämförelse med de två andra parallella projekten hade "Barknåreprojektet" ett mer begränsat tids- och rumsperspektiv i och med att arbetet utgick från en socken under knappt tusen år. Syftet var att söka förklara kulturlandskapsutvecklingen i Hållnäs socken i nordöstra Uppland från vikingatid och fram i 1900-talet.

De övergripande frågeställningarna behandlade kulturlandskapsutvecklingen ur en samhällshistoriskt perspektiv där sociala, politiska men framförallt ekonomiska faktorer uppmärksammades.

Projektet hade en tvärvetenskaplig uppläggning med sex olika medverkande discipliner; arkeologi, kulturgeografi, etnologi, historia, nordiska språk och kvartärgeologi. Inom projektet producerades två avhandlingar, i arkeologi respektive kvartärgeologi. I en nära framtid väntas dessutom två avhandlingar i kulturgeografi.

Den arkeologiska delen av projektet hade som syfte att belysa bebyggelse och samhällsutveckling inom tidsperioden vikingatid till äldre medeltid. Utgångspunkten för analysen var den enskilda brukningsenheten. Valet av ett mikroperspektiv skall sannolikt ses som ett påkallat behov snarare än en reaktion mot den bebyggelsearkeologiska forskning som bedrevs vid Stockholms universitet under 60- och 70-talen. Inom "Barknåreprojektet" kändes det angeläget att förankra den tidigare forskningens mer övergripande förklaringsmodeller i samhällets minsta beståndsdel dvs den enskilda brukningsenheten. Analysen behandlar framförallt resursutnyttjande samt den framväxande statsmaktens möjlighet att påverka den enskilda brukningsenhetens överlevnadsstrategi.

Den arkeologiska analysen har inom undersökningsområdet kunnat påvisa en bebyggelseexpansion under vikingatid och tidig medeltid, som omkring år 1300 avstannade för att fram till 1600 talet uppvisa ett mer eller mindre oförändrat bebyggelsemönster. Expansionen tolkas som ett utslag av en befolkningsökning som sammanföll med att strandförskjutningen tillhandahöll nya landområden. En rekonstruktion av resursutnyttjandet i undersökningsområdet visade att kreatursskötsel, jakt och fiske har utgjort den ekonomiska basen under hela undersökningsperioden och att åkerbruket alltid spelat en underordnad roll. Diskussionen rörande resursutnyttjande relaterades bl a till kvantitativa uppskattningar av hushållsstorlek, åkerareal, boskapsstock, kornstorlek och kaloribehov. Att expansionen avstannade och att man t o m kan tala om en regression i form av ödeläggelse under 1300-talets början, ses som resultatet av statsmaktens och kyrkans allt större möjligheter till exploatering av bondemeningheten samt därtill ett tillstånd av fullkolonisation som inte tillät vidare landnam. Sammantaget ledde detta till en, i negativ mening, förändrad ekonomisk situation för den enskilda brukningsenheten.

Då nordöstra Uppland genom strandförskjutning är ett landnamsområde har projektet diskuterat bebyggelseutveckling i termer av kolonisation, expansion, stagnation och regression. Teoretiskt anknyter man till en "tids/rumsmodell" som visar bebyggelseutvecklingen som ett antal lagbundna faser som avlöser varandra. Det krävs genomgripande samhällsförändringar, framkallade av många, ofta samverkande faktorer, för att en fas i bebyggelseutvecklingen skall övergå i en annan. I de tidigaste faserna som utgörs av kolonisation och spridning ses emellertid befolkningsutvecklingen som en starkt framdrivande faktor (Sporrong 1983b).

Kan man leva på en ödegård?

Det medeltida kulturlandskapet ekologi och samhällsförändringar

Under 1990 initierades ytterligare ett forskningsprojekt som behandlar kulturlandskapet och de faktorer som varit avgörande för dess utveckling. Projektet kallas "Kan man leva på en ödegård?" och har som syfte att undersöka sambandet mellan medeltida gårdar som lokala jordbruksekosystem och den övergripande sociala struktur som gårdarna varit en del av.

Projektets syfte kräver en hög grad av väl integrerad tvärvetenskap, med historia, växtekologi, kulturgeografi och medeltidsarkeologi som samverkande discipliner.

Underökningen fokuserar på det medeltida samhällets utveckling, framförallt omstruktureringen under senmedeltid. En omstrukturering, ofta diskuterad i termer av ödeläggelse, som tog sig uttryck i en tillfällig eller mer permanent förändring av gårdar och byars roll i en övergripande samhällsstruktur.

Projektet vill söka förklaringar till denna samhällsomvandling genom att arbeta med rekonstruktioner av lokala medeltida ödegårdars jordbruksekosystem och relatera dessa till det dåtida samhällets sociala system. Man framhåller därmed betydelsen av att känna till ödegårdens beroendeförhållande till en överordnad social struktur, för att förstå gårdens ekonomiska ställningstaganden.

Projektet har valt tre undersökningsområden, Norra Bohuslän, Norra Vedbo/Ydre härad i Småland samt Jämtland. Fältundersökningarna är huvudsakligen förlagda till Småland, medan Bohuslän och Jämtland studeras utifrån tidigare framtaget fält och arkivmaterial. Genom att de tre undersökningsområdena är sinsemellan olika vad gäller exempelvis naturgeografi, jordnatur och odlingslandskapets rumsliga organisation, ges möjlighet till att visa på likheter och olikheter utifrån både ett ekologiskt och samhällshistoriskt perspektiv.

Arkeologin är en väl integrerad i projektet som en av de discipliner som bidrar till rekonstruktionerna av de medeltida gårdarnas ekosystem. Genom en funktionsbestämmning av de ekonomibyggnader som ingått i gården samt analys av makrofossil och osteologiskt material vill man belysa djurhållning, fodertäkt, odlade grödor och andra utnyttjade växter. Det sociala system som dessa gårdar varit del av

Fig 3. *Bönder i arbete. Ur Jakob Ulfeldts jordebok 1588.*

rekonstrueras däremot främst utifrån ett skriftligt källmaterial.

Projektet är inte avslutat vilket gör att endast mindre delresultat från fältarbetena i Småland är skriftligen redovisade. Rapporterna behandlar delar av det kulturgeografiska arbetet, samt en markkemisk undersökning med syfte att bestämma markanvändning.

Projektet arbetar utifrån ett delvis nytt teoretiskt förhållningssätt där förklaringar till kulturlandskapets utformning och utveckling står att finna i en ekologisk och social analys i nära förening. Man utgår från antagandet att skilda samhälleliga strukturer varit styrande för utvecklingen av det ekosystem som avspeglar sig i landskapet. Tidigare forskning har tenderat till att arbeta mer renodlat med antingen ett ekologiskt eller ett samhällshistoriskt perspektiv.

Jämtland, Värmland och Ångermanland

– forskningsinsatser i skogsbygd

De större forskningsprojekten har oftast rört sig i omedelbar närhet till vad som kan betecknas som agrara centralområden. Under det senaste decenniet har forskningsarbeten påbörjats även i regioner där jordbruket inte haft samma ställning som monokultur som exempelvis i Skåne och Mälardalen.

Jämtland, Värmland och Ångermanland utgörs av omfattande skogsbygder, vilka i hög grad präglat landskapen både ekonomiskt och kulturellt. Skogen som utmark var både ett ekonomiskt resursområde och en svårkontrollerad sfär av det mentala landskapet. De forskningsprojekt, som pågår i dessa områden, arbetar bl a utifrån ett ekonomiskt perspektiv, där det är angeläget att få en uppfattning om omfattningen och karaktären på de utmarksnäringar som bedrivits, exempelvis fäboddrift, myrslåtter, jakt, fiske och järnframställning. Utmarken har sannolikt inte setts som en marginell resurszon, utan har varit något som i hög grad styrt bebyggelseutvecklingen i områden med stora skogsområden.

Det nordiska ödegårdsprojektet i Värmland och Jämtland

Genom det nordiska "Ödegårdsprojektet" uppmärksammades tidigt den medeltida agrarbebyggelsen i bl a Värmland och Jämtland. Projektet var huvudsakligen historiskt och syftade till att belysa den senmedeltida agrarkrisen och den efterföljande uppgången under 1500- talet. Man valde således att arbeta med bebyggelse- och ränteutveckling under perioden 1300–1600. Eva Österberg studerade regressions- och ödeläggelseproblematik med utgångspunkt från nio socknar i västra Värmland. Hon kunde påvisa en ödeläggelse som uppgick till 22 % av den under medeltiden belagda bebyggelsen och att regressionen huvudsakligen kunde hänföras till 1400-talet. Inom samma projekt kunde Helge Salvesen hävda att Jämtland kunde uppvisa en ödeläggelse redan under 1300-talet.

Varken Österberg eller Salvesen kan finna någon entydig förklaring till regressionen. Salvesen lyfter emellertid fram befolkningsökning i relation till begränsade möjligheter till nyodling som en möjlig förklaring till ödeläggelsen under 1300-talets första hälft. Att ödeläggelsen blev så omfattande under senmedeltid sammankopplas emellertid med pestepidemierna. Sannolikt initierade regressionen en övergång till mer extensiva driftformer som boskapsdrift och utmarksnäringar. Ödegårdarna blev en viktig resurs inom denna näringsinriktning och bykollektivet hindrade följdaktligen en nyodling av de ödelagda gårdarna. Salvesen framhåller dock att den begränsade nyodlingen av ödegårdarna inte behöver förklaras enbart i socioekonomiska termer, utan att även exempelvis ideologiska eller religiösa föreställningar kan ligga bakom.

"Skramle-projektet" i Värmland

Under 90-talet har Värmland blivit uppmärksammat i ett arkeologiskt projekt kallat "Skramle-projektet". Det är ett forskningsprojekt som planeras starta under 1994 men som informellt redan pågått under ett par år. Projektansvariga är Eva Svensson och Sofia Andersson, två doktorander vid medeltidsarkeologiska institutionen i Lund. Projektet syftar till att studera den enskilda gårdens inre struktur samt dess resursutnyttjande. Man utgår från den ödelagda gården Skramle i Gunnarskogs socken i västra Värmland, som enligt det äldre kartmaterialet skall ha ödelagts före år 1641. Enligt de geometriska jordeböckerna från 1600-talet skall bebyggelsen i den västra delen av Värmland ha dominerats av ensamliggande gårdar och skattejord.

Jämtland

I Jämtland intresserade sig fornminnesinventeringen redan på 60-talet för de ödelagda gårdarna, vilket föjdaktligen lett till att landskapet har det största antalet registrerade ödegårdar i landet. Under 80- och 90-talet har Jämtlands länsmuseum gjort arkeologiska undersökningar i två s k ödesböl, Svedäng och Fagmon. Dessutom undersökte man 1982 Kyrklägdan i Ås socken, en bebyggelselämning från äldre järnålder–medeltid. Undersökningarna fokuserar bosättningarnas inre struktur och byggnadsskick samt i viss mån även resursutnyttjande.

Jämtland ingår även som undersökningsområde i projektet "Kan man leva på en ödegård" och kommer där att kontrasteras mot områden i andra delar av landet. Bebyggelsestrukturen i Jämtland under 1600-talet utgjordes enligt Salvesen huvudsakligen av byar med självägande bönder. Inom projektet "Kan man leva på en ödegård?" påpekar man emellertid vikten av att se Jämtland som en del av Norge och därmed som en del av ett område med ensamgårdar.

Den äldre bebyggelsekontinuiteten i Ångermanland

I Ångermanland startade 1987 den arkeologiska institutionen vid Umeå universitet, med Per Ramqvist som ansvarig, projektet "Den äldre bebyggelsekontinuiteten i Ångermanland". Man ville diskutera bebyggelseutveckling under yngre järnålder och medeltid utifrån lokalen Arnäsbacken (600–1500 e Kr). Projektet skulle ses som ett naturligt komplement till "Gene-projektet", som pågick mellan åren 1977 och 1988, och som studerade den äldre järnålderns kulturlandskap med utgångspunkt från boplatsen Gene (0–600 e Kr). Det var betydelsefullt att boplatserna i Gene och Arnäsbacken låg i närheten av varandra, eftersom projektet har som målsättning att även diskutera bebyggelsekontinuitet i ett långt tidsperspektiv. De resultat som hittills redovisats från Arnäsbacken är en beskrivning av bebyggelseutveckling och byggnadsteknik inom själva boplatsen.

Forskningsinsatser på Gotland

Under de senaste åren har det bl a publicerats två intressanta arbeten rörande Gotlands territoriella indelning under yngre järnålder/medeltid (Hyenstrand 1989, Kyhlberg 1991). De diskuterar och ifrågasätter i detta sammanhang Gotlands särart som ett självständigt och egalitärt bondesamhälle. De forskningsinsatser som gjorts på Gotland rörande medeltida bebyggelse har emellertid varit förankrade i en hypotes om öns särart, med ensamgårdar som "rår sig själva".

Det finns en omfattande forskning på Gotland rörande yngre järnålder och i synnerhet vikingatid. Här skall detta endast exemplifieras med ett antal forskningsinsatser, som kan ha betydelse för den framtida diskussionen om medeltida agrara miljöer. De berörda projekten har alla haft den enskilda gården som utgångspunkt för studier av framförallt kontinuitet och förändring i bebyggelse och markutnyttjande.

På 1960-talet gjordes ett flertal arkeologiska forskningsundersökningar av vikingatida och medeltida bebyggelse. En av dessa undersökningar, Burge i Lummelunda, startade 1967 och pågick under större delen av 70-talet. I samband med efterundersökningen av en skattfyndplats påträffades en välbevarad boplats från vikingatid/medeltid. Detta föranledde Gotlands fornsal att starta en forskningsundersökning. Vid undersökningen framkom delar av en gård med boningshus och ekonomibyggnader.

I samband med sin avhandling i kulturgeografi startade Dan Carlsson ett tvärvetenskapligt projekt kring ödegården Fjäle i Ala socken. Genom ett samarbete mellan diciplinerna arkeologi, kulturgeografi, osteologi och kvartärgeologi ville man belysa en enskild gård från det att gården etablerades under äldre järnålder fram till att den övergavs under 1300-talet. Undersökningarna har kunnat visa på en stark kontinuitet i bebyggelsemönster och landskapsutnyttjande från äldre järnålder och ända fram till våra dagar. De förändringar i bebyggelsestrukturen som trots allt kan ses, under framförallt 500-talet och 1300-talet, tolkas som ett uttryck för lokala initiativ för att exempelvis förbättra resursutnyttjandet. Projektet diskuterar exempelvis tvåsädets genomförande i relation till en påvisad tillväxt av åkerarealen under yngre järnålder/medeltid. Under senare år har Dan Carlsson undersökt ytterligare lokaler med medeltida bebyggelselämningar, Ammor i Västergarns sn och Bottarve och Nymans i Fröjels sn.

Majvor Östergrens avhandling om de gotländska skattfyndsplatserna har givit ett värdefullt bidrag till forskningen rörande bl a den vikingatida/medeltida bebyggelsens placering i landskapet. Genom efterundersökning av skattfyndsplatser har antalet lokaliserade medeltida gårdar ökat avsevärt, vilket möjliggjort diskussioner rörande gårdarnas kontinuitet och relation till både äldre och yngre bebyggelselägen.

Stig Welinder – Människor och landskap

En enskild forskningsinsats som i detta sammanhang är värd att uppmärksammas är Stig Welinders publikation "Människor och landskap". Här presenterar han ett annorlunda förhållningssätt till studiet av kulturlandskapet med syftet att "...förstå hur en speciell grupp människor har utformat sitt landskap" inte att "...förklara kulturlandskapsförändringar" (Welinder 1992, s 107). De mänskliga intentionerna bakom kulturlandskapsutvecklingen blir på så sätt mer intressanta att förklara än de iakttagbara effekterna av intentionerna.

Detta synsätt är framvuxet ur etnoarkeologiska studier av ett historiskt samhälle – byn Nyberget under 1800-talet. Welinder hade därmed tillgång till både skriftligt källmaterial och informanter.

Syftet var att utifrån de etnoarkeologiska iakttagelserna formulera allmängiltiga principer för studiet av hur människor fungerat i interaktion med varandra och det omgivande landskapet – principer för något i allra högsta grad mångtydigt och variationsrikt. Samtidigt som syftet är klart formulerat framskymtar i arbetet en viss tvehågsenhet om de etnoarkeologiska resultaten skall betraktas som allmängiltiga eller specifika.

Genom att bl a studera hur människorna i Nyberget benämnde eller hade benämnt platser i sitt omgivande landskap, framgick hur de hade strukturerat sin omgivning i rumsligt, socialt och kronologiskt hänseende. Namnen associerade till exempelvis personer, gårdar, händelser och blev sålunda viktiga fixpunkter i landskapet.

Det framstår som viktigt att utgå från det kognitiva kulturlandskapet dvs ett kulturlandskap som definieras utifrån den enskilda individens eller den mindre gruppens upplevelser av detsamma. Med det synsättet blir landskapet synnerligen komplext och varierat.

Welinder framhåller inte bara den mänskliga upplevelsens subjektivitet som en källa till kulturlandskapets mångtydighet, utan också det faktum att det är människans kulturella handlanden som skapar kulturlandskapet. Detta sker genom en ständigt pågående och dynamisk process. Människornas agerande sker emellertid inom vissa givna ekologiska ramar och kulturella mönster. För att använda hans egna ord: "Kulturlandskapet finns inte. Det formas av människor i oavbruten samverkan och konflikt. Det är mer kultur än landskap." (Welinder 1992, s 32). Landskapet får därmed en annan dimension och ses inte enbart som en ekonomisk resurs.

Welinder lägger ett postprocessuellt perspektiv på kulturlandskapsstudier genom att utgå från den aktiva människan som både har avsikt och, inom vissa ramar, också möjlighet att manipulera sin omgivning. Det individrelaterade perspektivet är generellt mycket svårt att applicera på ett arkeologiskt källmaterial där det specifika i den mänskliga variationen inte är urskiljbart. Däremot kan synsättet vara fruktbart i så måtto att en kvalitativ förståelse av kulturlandskapet blir eftersträvansvärt.

Forskning inom exploateringsarkeologin

De större exploateringsundersökningarna på landsbygden har under senare år berört ett flertal byar med medeltida skriftliga omnämnanden. Varje större undersökning kan betecknas som ett forskningsprojekt med förankring i den pågående forskningsprocessen inom både den grävande institutionen och universiteten.

Ett under senare tid alltmer diskuterat problem är exploateringarkeologins relation till forskning. Relationen är inte helt okomplicerad, det finns djupt rotade uppfattningar om verksamhetens syften, både inom och utom de grävande institutionerna (universitet och antikvariska myndigheter) som inte befrämjar forskning. Här kommer emellertid de positiva tendenser som ändock kan sköljas att lyftas fram. Detta görs med exempel från UVs undersökningar.

Institutioner som bedriver exploateringsarkeologi har ingen möjlighet att själva välja sina forskningsobjekt men de kan föreslå ambitionsnivå och inriktning på den givna undersökningen. Generellt sett kan exploateringsundersökningar betecknas som storskaliga, vilket ofta ger en inriktning på diakrona perspektiv (Larsson & Rudebeck 1993). Vid undersökningar på eller i anslutning till historiskt kända byar har exempelvis frågor rörande bosättningarnas struktur och organisation i vid bemärkelse ansetts som centrala.

Undersökningarna har ofta kunnat påvisa komplexa mönster av rumsliga och kronologiska förändringar. Resultaten antyder att dessa utvecklingsförlopp inte enbart kan knytas till en tidigare diskussion rörande bybildning utan att det sannolikt är fråga om mer komplicerade orsaksammanhang. Den stora variation och mångfald som bosättningarnas materiella uttryck uppvisar, ofta både regionalt och lokalt, speglar sannolikt de skilda roller som bosättningarna haft i en social, ekonomisk och kulturell kontext. Samtidigt framträder emellertid vissa gemensamma utvecklingslinjer rörande exempelvis byggnadsskicket där exempelvis flerfunktionella långhus gradvis övergår i flera mindre hus med endast en huvudsaklig funktion.

Med utgångspunkt från fyra större exploateringsundersökningar gjorda i sydöstra Uppland kommer det ovan sagda att exemplifieras. Undersökningarna har skett i eller i anslutning till bytomterna som finns utmärkta på äldre lantmäterikartor från 1600- och 1700-talen. Byarnas namn finns dessutom omnämnda i medeltida skriftliga källor. Det är gårdstunet eller själva bebyggelseområdet på de olika lokalerna som primärt har berörts av exploatering.

Byarna är Sanda i Fresta socken (1990–91), Pollista i Övergrans socken (1986–87, 1989–90), Valsta och Säby i Norrsunda socken (1992–93). De är alla belägna i Sigtunas omland och Valsta och Säby är dessutom grannbyar. Byarna ligger i det för Sydöstra Uppland karakteristiska sprickdalslandskapet, på impedimentmark med mer eller mindre närhet till sammanhängande lerslätter.

Bosättningarna etableras under olika tider. Säby och Valsta har en omfattande bebyggelse redan under äldre järnålder, medan Sanda sannolikt etableras under folkvandringstid/vendeltid. Pollista uppvisar däremot ingen permanent bosättning i form av hus före 800-talet. Om byarna inte ödeläggs eller avhyses, som en av gårdarna i Sanda och hela Valsta by under 1600-talet, fortlever de fram i 1900-tal.

Vid en jämförelse mellan de olika bosättningarna kan de materiella lämningarna under samma tidsperiod uppvisar stora olikheter vad gäller förekomst och karaktär. Dessa olikheter kan inte primärt sammankopplas med olika bevarandeförhållanden eller att förväntade lämningar som saknas har legat utanför den undersökta ytan.

I Säby och Sanda finns under vikingatid ett område med grophus som har mycket väl byggda ugnar. Föremålen som hittats i grophusen är av hushållskaraktär, vilket indikerar kokhus, vävhus, torkhus som tolkning. Grophus med ugnar saknas helt i Pollista och Valsta under motsvarande tidsperiod. I Sanda finns under vikingatid och medeltid ett flertal syllstenshus med uppbyggda eldstäder, vilket under motsvarande tidsperiod helt saknas på de andra boplatserna. Pollista och Säby kan för övrigt endast uppvisa enstaka syllstenshus som kan dateras till medeltid. I Valsta finns däremot en reglerad bebyggelse från medeltid, i bemärkelsen flera syllstenshus som ligger på ömse sidor om en vägsträckning.

Kulturlagren på de olika bosättningarna är också av olika karaktär och omfattning vilket inte heller enbart kan förklaras med olika bevaringsförhållanden.

Bosättningarna kan också under motsvarande

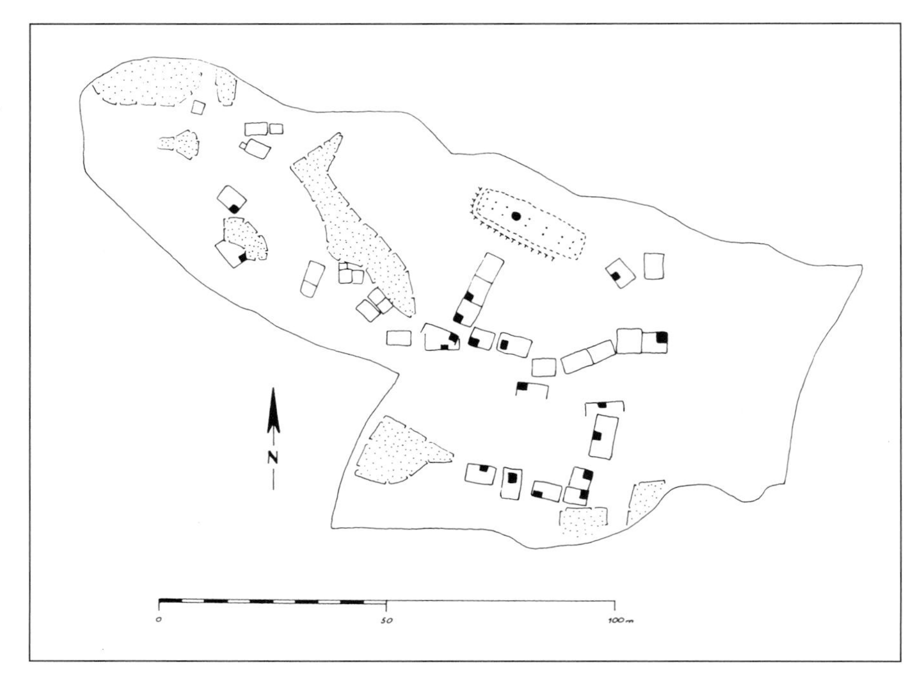

Fig 4. *Bebyggelse 1000–1100-tal i Sanda, Fresta socken, Uppland. Mindre hus på stensyll samt en hallbyggnad med jordgrävda stolpar.*

tidsperioder uppvisa sinsemellan olika aktiviteter och funktioner. I Sanda framkom ett långhus daterat till 700-tal. Långhuset avlöstes under perioden fram till tidigmedeltid av ytterligare två långhus på samma plats. Dessa långhus har sannolikt haft en mycket speciell funktion. Husen kan antingen ha fungerat som lagerlokal för ett eget eller ett tillägnat överskott i naturaprodukter eller som samlingsplats vid religiösa aktiviteter. I Valsta finns ett verkstadsområde där man under folkvandringstid/vendeltid sysslat med bl a bronsgjutning.

Inom UVs projekt "Arlandabanan" pågår för närvarande forskning rörande ovan beskrivna bytomter. Projektet studerar bl a den variation och mångfald som samtida materiella uttryck uppvisar inom en begränsad region. Hypotesen är att variationen är en spegling av bosättningarnas heterogena legitimitet i ett dåtida stratifierat samhälle. Bosättningarna har m a o utgjort en del av en större helhet, ett samhälle eller en maktsfär, i vilken de haft olika funktioner. Beroende på bosättningarnas bidrag materiellt och/eller ideologiskt har de fått ett berättigande. I karaktäristiken av bosättningar förekommer begrepp som exempelvis stormannagård, kungsgård och normalgård. Med utgångspunkt från variationen som de uppländska exemplen uppvisar kan denna karaktäristik anses som alltför grov. De s k normalgårdarna existerar exempelvis inte som en homogen grupp, utan utgör sannolikt många olika nivåer med olika samhällsfunktioner.

Inom exploateringsarkeologin finns idag både kompetens och ambition att utveckla den arkeologiska forskningen. Detta bör ske genom en kontinuerlig uppföljning och utvärdering av undersökningarna vilket i förlängningen leder till att exploateringsarkeologin både kommer att initiera och utföra ny och spännande forskning på egenhändigt uppgrävda material.

Sammanfattning av det aktuella forskningsläget

Arkeologisk forskning rörande medeltidens agrara landskap har startat först under de senaste årtiondena och har huvudsakligen bedrivits inom större tvärvetenskapliga projekt.

Skiftande vetenskapliga perspektiv har varit styrande för projektens utformining och inriktning. Det är möjligt att se en utvecklingslinje från mer ekologiskt och ekonomiskt inriktade projekt till projekt som fokuserar mer på sociala och kulturella faktorer. Man kan säga att ytterligheterna representeras av "Ystadsprojektet" och Welinders arbete "Människor och landskap". "Ystadsprojektet" har en tyngdpunkt i ett ekologiskt perspektiv, där människan tenderar att bli en passiv varelse begränsad av naturgeografiska förutsättningar. Welinder presenterar däremot ett kulturellt och därmed mer dynamiskt synsätt på människans interaktion med omgivande människor och landskap.

"Barknåre-projektet" och "Kan man leva på en ödegård?-projektet" befinner sig mitt emellan dessa ytterligheter genom att de i olika hög grad försöker förena och därmed nyansera de ovan omtalade perspektiven. "Kan man leva på en ödegård?-projektet" har mycket medvetet valt att förena en ekologisk och en social analys i ett samhällshistoriskt perspektiv. "Barknåre-projektet" arbetar också med ett samhällshistoriskt perspektiv, men med en entydigare förankring i ekonomiska och politiska faktorer.

Metodiskt har projekten valt att studera kulturlandskaps- och bebyggelseutveckling med mer eller mindre förankring i den enskilda bebyggelseenheten.

Inom "Barknåre-projektet" och "Kan man leva på en ödegård?-projektet" har gården eller hushållet varit en klart formulerad utgångspunkt. Gården, som den minsta rumsliga skalnivån, inlemmas i större nivåer och sammanhang som exempelvis domän eller socken och region. "Barknåre-projektets" mer övergripande nivåer utgår från organisation medan "Kan man leva på en ödegård?-projektets" nivåer är mer funktionella. Man arbetar således med geografiskt avgränsbara rumsliga nivåer knutna till ekonomiska och/eller sociala strukturer som ofta inte är avläsbara i kulturlandskapet utan måste rekonstrueras utifrån skriftligt- och kartografiskt källmaterial. Inom dessa projekt inordnas gården eller hushållet i ett övergripande system av olika dignitet, som i allra högsta grad är styrande för den av gården valda överlevnadsstrategin.

Welinder utgår i sitt arbete "Människor och landskap" från den absolut minsta skalnivån, den enskilda människan eller individen. Med ett sådant synsätt kan utveckling inte bli lagbunden utan blir istället synnerligen oförutsägbar och varierad i sitt uttryck. Men hans mer mentala än rumsliga nivåer kan vara svåra att förankra i ett arkeologiskt källmaterial utan att använda etnoarkeologiska analogier. Arkeologins ställning inom dessa projekt har varit avhängigt av vilken teoretisk och metodisk inriktning projekten valt. Generellt kan man ändå säga att arkeologin, i relation till andra i projekten ingående discipliner, haft en mindre framskjuten position. Dominerande har framförallt varit den historiska kulturgeografin och naturvetenskaper som kvartärgeologi och växtekologi. Inom exempelvis projektet "Kan man leva på en ödegård?" ges dessutom historia en mycket betydelsefull roll, genom att rekonstruktionen av det sociala system som de enskilda brukningsenheterna ingått i uteslutande baseras på skriftligt källmaterial.

Projekten har nått olika grader av kvalitativ och kvantitativ förståelse av det medeltida agrara landskapet, men mycket återstår vad gäller tilliten till det arkeologiska källmaterialets potentialer och de specifikt arkeologiska perspektiven och förklaringsmodellerna.

Problemområden

Föregående kapitel har varit ett försök att beskriva och kritiskt granska ett aktuellt forskningsläge rörande den medeltida landsbygden. I detta kapitel skall formuleras en teoretisk utgångspunkt och en målsättning för den kommande analysen av ett antal arkeologiska nyckellokaler. Detta innebär ett medvetet val av synsätt och en precisering och en diskussion av de problemställningar, som skall vara styrande för denna analys.

I det föregående ställdes ett ekonomiskt synsätt mot ett kulturellt. Här betonades även möjligheterna för arkeologin i samband med användandet av det senare synsättet i studiet av den medeltida landsbygden. Det följande utgår därför medvetet från en dylik grundsyn. Men vad innebär detta för formuleringen av arkeologiskt operationella problem och hypoteser?

Att förklara människans förhållande till landskapet i äldre tid som ett renodlat ekonomiskt resursutnyttjande innebär oundvikligen ett anakronistiskt tänkande. Ett dylikt perspektiv hör hemma i ett modernt industrisamhälle där landskapet reducerats till endast en ekonomisk resurs och där sålunda hindren för att kunna exploatera detta landskap endast är av teknologisk natur. Vi kan inte tillämpa detta betraktelsesätt när vi skall förstå människors handlande i ett medeltida landskap eftersom ekonomi i vår moderna bemärkelse inte existerade som en självständig tankekategori under medeltiden. Det vi kallar resursutnyttjande var också i hög grad en fråga om ideologiska, sociala och kulturella förhållanden. Den medeltida människan agerade inte i landskapet enbart som en ekonomisk varelse utan definierade detta utifrån ett komplex av föreställningar, vilka bildade hennes kulturella världsbild. Det är dessa historiskt och kulturellt givna föreställningar vi måste ta fasta på när vi skall försöka förstå det medeltida landskapet och därför måste vi studera lämningarna efter detta landskap i ett brett och mångdimensionellt, kulturellt perspektiv. Metodiskt innebär detta att vi måste aktivera flera olika arkeologiska källmaterial och försöka finna sambanden mellan det som vi brukar särskilja som ideologiska, sociala och ekonomiska fenomen. Hur man på ett arkeologiskt plan kan gå tillväga utifrån en dylik utgångspunkt kommer att utvecklas i följande problemdiskussion. För att ge mera konkretion åt tankegångarna i denna diskussion kommer de att exemplifieras med resultat från en undersökning av medeltida landsbygd, som en av författarna till denna skrift, Lars Ersgård, nyligen genomfört. Det rör sig om ett område i övre Dalarna, närmare bestämt om de centrala delarna av Leksands socken, vilken visat sig ovanligt väl tillgodosedd vad gäller arkeologiskt källmaterial. Den viktigaste empiriska utgångspunkten för nämnda undersökning har varit en omfattande exploateringsundersökning, utförd i samband med omläggningen av Riksväg 70, 1983–84.

När ett medeltida agrart landskap beskrives, brukar resultatet oftast bli en variant på några generella idealtyper, t ex slättbygdens utpräglade bylandskap eller skogsbygdens glesare och mera spridda bosättning. Bebyggelsen, alltifrån den enskilda gården till byn och socknen, har här som regel fått ett rent administrativt-ekonomiskt innehåll. I det följande kommer inte i första hand de rumsligt-ekonomiska organisationsformerna att vara utgångspunkten. Intresset kommer att fokuseras på att söka kartlägga de kognitiva mönster, efter vilka bebyggelsens invånare definierat sig själva i förhållande till landskapet och omvärlden. En grundläggande teoretisk utgångspunkt är att dylika mönster kan studeras som symboliska materiella uttryck i de lämningar i landskapet – av bebyggelse och andra, till denna knutna aktiviteter – som utgör vårt arkeologiska källmaterial.

Under förkristen tid har gården och dess närmaste omgivningar haft en uttalad symbolisk-mytologisk innebörd. Gården var inget mindre än "a prototype model of the universe" (Gurevich 1970). Den var tillvarons centrum där byggnader och gårdstun utgjorde den av människan kontrollerade världen. Utanför låg en vild och okontrollerbar natur befolkad av överjordiska väsen. I detta sammanhang kan vi betrakta situationen i vårt referensområde vid Leksand för att finna exempel på hur ett dylikt perspektiv kan tillämpas i en konkret arkeologisk tolkning. Relativt tydligt framträder här den vikingatida gården med långhus, grophus och andra byggnader i ett karakteristiskt läge invid Dalälven. I kontexten ingår emellertid även två andra element – gravfältet och järnframställningsplatsen – vilka tillsammans med själva gården utgör delar av en mytologisk topografi. Både vad gäller gravritualer och järnhantering handlar det nämligen om en kommunikation med gudomliga, icke-jordiska krafter. Att hävda något dylikt i samband med en verksamhet som järnhantering bygger på uppfattningen att denna, lika lite som någon annan liknande verksamhet, inte kan betraktas isolerat. Den kan alltså inte reduceras endast till en fråga om ugnstyper och förbränningstemperaturer utan måste ses som en integrerad del av de kulturella och sociala sammanhang, i vilken den ägt rum. Tillverkningsprocessen skall inte endast uppfattas som ett frambringande av smidbart järn utan även som ett återskapande av grundläggande föreställningar om tillvaron, om naturen, om det sociala ursprunget etc. Eftersom järnframställningen innebar en transformation av natur, dvs av skog och malm, kunde den därför inte ske utan inverkan av gudomliga krafter. Här är det frågan om en föreställningsvärld som endast i begränsad utsträckning är åtkomlig för oss. Ett rituellt samband mellan järnhantering och gravläggning framträder emellertid genom de slaggdepositioner, som förekommer i gravar, antingen som gravgåvor eller som högfyllning (se Burström 1990). På detta sätt är det möjligt att uppfatta gården som en symboliskt-rituell enhet, innefattande såväl sociala och ekonomiska som ideologiska förhållanden. Ett dylikt perspektiv kommer i det följande att tillämpas även på yngre skeden.

Situationen, som den beskrivits ovan, får här bli en sorts utgångspunkt. Grovt sett får den representera yngre järnålder. Mönstret börjar förändras i slutet av vikingatid, närmare bestämt senare delen av 900-talet, som förefaller vara ett avgörande skede. Förändringar kan märkas inte minst på gårdsnivå, där det vikingatida långhuset med jordgrävda stolpar av allt döma ersättes av mindre byggnader med syllkonstruktion. Denna förändring är inte lika arkeologiskt observerbar i alla delar av landet. I det nämnda området vid Leksand var den svårfångad medan den med stor arkeologisk tydlighet framträdde vid en undersökning i Sanda i Uppland. Det är viktigt att inte isolera fenomenet som enbart ett utslag av förändrad byggnadsteknik utan betrakta det som en del av en komplex och genomgripande omvälvning av tillvaron. Det är möjligt att iaktta flera andra, i tiden parallella förändringar. En omfattande expansion av kulturlandskapet förefaller att alltmer accentueras från och med denna tid. Det är röjningar och nyodlingar både i form av utvidgning av äldre bygder och nyetableringar i tidigare obebodda områden. I ideologiskt avseende påbörjas den process som brukar benämnas religionsskiftet, dvs övergången från hedendom till kristendom. Vid 900-talets slut uppföres de första kända kyrkorna i Skandinavien.

Skulle man definiera en början på det medeltida landskapets framväxt bör man således kunna förlägga denna till 900-talets senare del. En utveckling påbörjas mot ett landskap, som är indelat i socknar, i huvudsak dominerat av agrara näringar samt med bebyggelsen organiserad som ensamliggande gårdar eller mer eller mindre reglerade byar. Det skall i detta sammanhang givetvis understrykas att det finns betydande geografiska variationer i denna bild.

Vid studiet av nämnda skeende är det som tidigare påpekats viktigt att ta fasta på samspelet mellan ekonomiska, sociala och ideologiska faktorer, snarare än att studera dem var för sig, för att kunna fånga den kulturella dynamiken i landskapsutvecklingen. Inte minst är detta av betydelse för förståelsen av regionala variationer. Utnyttjandet av landskapets naturliga resurser, så som vi kan studera detta exempelvis i ekofaktmaterialet, måste betraktas i ljuset av en social situation som vi kan nå en del av genom att analysera bebyggelsen, dess karaktär och variationsmönster. Vi måste också integrera de ideologiska uttrycken i vårt studium av landskapet. Övergången från hedendom till kristendom handlar inte endast om förändrad kultutövning utan även om ett nytt sätt av betrakta tillvaron och – att förhålla sig till landskapet. Religionsskiftet är ett problematiskt och i tiden utdraget skeende men arkeologin erbjuder intressanta möjligheter att belysa fenomenet vad gäller skedet 900-tal–1200-tal. Förutom det studieobjekt som den tidiga kyrkobyggnaden utgör finns även element i den enskilda gården, som kan ge intressanta infallsvinklar på problematiken. Ett långhus i Sanda, till skillnad från andra byggnader uppfört i en ålderdomlig byggnadsteknik med jordgrävda stolpar, tycks bibehålla en speciell status i gårdsbebyggelsen ända fram till mitten av 1100-talet. Detta hus kan sannolikt ha haft en religiöst-ceremoniell funktion – ett exempel på en kultbyggnad omedelbart före det första kristna kyrkobyggandet.

Även i andra materiella uttryck utanför den egentliga bebyggelsen är det möjligt att spåra förändrade förhållningssätt till tillvaron och landskapet. I Leksand präglas gravskicket under 1000-och 1100-talen av både kristna och hedniska drag. De döda har gravlagts i en kristet väst–östlig orientering men har samtidigt på hedniskt sätt fått föremål av olika slag med sig i gravarna. Detta gravskick förekommer dessutom i två olika rumsliga kontexter, på en gemensam kyrkogård på platsen för den nuvarande sockenkyrkan samt på flera mindre gravplatser i närheten av samtida profan bebyggelse. På ett konkret sätt speglar detta motsägelsefulla komplex av sedvänjor inte endast religiösa föreställningar utan även uppfattningar om gården och landskapet i en brytningstid. Föremålen i gravarna och gravläggningarna invid bebyggelsen kan tolkas som inslag i en kvardröjande förfäderskult, vilket torde innebära att släktursprunget och gården som en viktig ideologisk sfär fortfarande är centrala element i föreställningsvärlden. Samtidigt visar de kristna dragen att andra mentala strukturer fått fotfäste i denna föreställningsvärld.

Även andra typer av arkeologiskt material kan spegla fenomenet religionskifte. Ett fyndrikt kulturlager från 1200-och 1300-talen i kanten av den lilla sjön Västannortjärn vid Leksand visar hur problematiken i detta sammanhang avsevärt kan vidgas. Det handlar om rituellt deponerade fynd i sjöns vatten, spår efter en offersedvänja, vilka är ett exempel på hur hedniska bruk transformerats och införlivats i en "folkligt" religiös föreställningsvärld vid sidan av en officiell kristen tro. Fynden i sin kontext speglar emellertid även föreställningar om landskapet, ett landskap som fortfarande uppfattats som bebott och påverkat av överjordiska väsen och i vilket människorna varit tvungna att handla efter bestämda rituella mönster.

Perioden från 900-talet och fram till 1200-talet karakteriseras av dynamisk expansion ifråga om markutnyttjandet, genomgripande social förändring och komplicerade, ofta motsägelsefulla ideologiska uttryck. Tiden därefter, närmare bestämt 1300-talet och början av 1400-talet, brukar däremot generellt beskrivas som ett skede av tillbakagång eller stagnation, dramatiska demografiska förändringar och sociala konflikter. Den allmänna historiska konjunktur,

Fig 5. *Runbleck av bly från Västannortjärn, Leksand, 1200–1300-tal. Blecket har varit vikt kring en benrelik. Runtexten utgörs av bönen Ave Maria samt några bokstavsformler. Foto: Bengt Lundberg, RIK.*

som benämnes den *senmedeltida agrarkrisen*, har spelat en dominerande roll i forskningen kring nämnda skede. Beträffande det medeltida landskapet och dess bebyggelse har intresset främst riktats mot den ödeläggelse av gårdar och odlingsmarker som skall ha drabbat Skandinavien. Dess omfattning och intensitet har säkerligen varierat högst avsevärt mellan olika regioner. Förändringar i odlingslandskapet kan ofta spåras genom paleobotaniska analyser medan den konkreta ödeläggelsen av bebyggelse i gynnsamma fall kan vara synlig i form av husgrunder och andra lämningar. Det kanske bästa exemplet på det senare fenomenet är ödesbölena i Jämtland. Ofta kan emellertid en senmedeltida nedgång i landskapet vara mycket svårfångad och inte märkbar annat än genom en frånvaro av såväl bebyggelse och fynd från det aktuella skedet.

Perioden 1300-tal – början av 1400-tal bör inte endast betraktas som en tid av nedgång utan även som ett skede av betydande förändringar. En vanlig uppfattning har tidigare varit att det medeltida landskapet och dess bebyggelse efter en högmedeltida sockenbildning präglats av stabilitet. Överhuvudtaget har man generellt inte räknat med några mera omvälvande förändringar i landskapet förrän i samband med skiftena på 1700-och 1800-talen. Även om det går att finna otvetydiga drag av kontinuitet i den medeltida landsbygden från högmedeltid till senmedeltid är det dock möjligt att finna flera exempel på motsatsen. En ofta framförd, om än mycket omdiskuterad, uppfattning är att det efter den senmedeltida agrarkrisen sker en övergång från ett intensivt åkerbruk till en agrar ekonomi baserad på en mindre andel spannmålsodling och en stor andel extensiv boskapsskötsel. Problemet är att det ännu saknas tillförlitliga arkeologiska dateringar för att kunna underbygga en dylik uppfattning. Vi kan dock se att en driftsform som fäbodsystemet får ett tydligt genomslag under senmedeltid. Detta fenomen, vars uppkomst blivit föremål för mycken debatt, innebär att skogen mera systematiskt tas i anspråk som en agrar resurs. Av andra utmarksnäringar knutna till skogen kan nämnas den lågtekniska järnhanteringen, som uppenbarligen når en betydande omfattning under senmedeltid och början av nyare tid. Frågan är om detta förmodade uppsving för aktiviteter i skogsbygd under senmedeltid kan förklaras endast i termer av generell ekonomisk rationalitet. Ett utvidgat ekonomiskt utnyttjande av skogens resurser förutsätter en mental förändring, ett nytt föreställningsmässigt förhållningssätt till skogen. Den franske historikern Georges Duby har beskrivit de tabun som under hednisk tid var knutna till skogsområdena på kontinenten och som utgjorde mentala hinder för nyodlingar i dessa områden (Duby 1981, s 60). Först i och med kristendomens seger över den hedniska föreställningsvärlden blev det mentalt möjligt att utnyttja skogarna på ett nytt sätt. Ett liknande synsätt bör man kunna tillämpa även på nordiskt område vad gäller ett mentalt förhållningssätt inte endast till skogen utan till kulturlandskapet generellt. Hypotesen skulle vara att relationerna mellan människor och landskap åtminstone fram till och med 1200-talet varit dominerade av rituella föreställningar med ursprung i hednisk tid. De ovan nämnda fynden från Västannortjärn i Leksand kan sålunda tolkas mot en sådan bakgrund, som spåren efter handlingar med syfte att rituellt bemästra en omgivande natur. Den genomgripande ideologiska förändring, som religionsskiftet utgör, innebär emellertid även att människors mentala inställning till naturen och landskapet successivt förändras och härvidlag kan man anta att 1300-talet är ett avgörande skede. Det vi vill uppfatta som ekonomiska förändringar under senmedeltiden är således samtidigt ideologiska förändringar. Intressant att uppmärksamma i detta sammanhang är det uppsving för inhemsk vallfart och helgondyrkan som sker under senmedeltiden. Detta kan uppfattas som ett uttryck för en folkligt förankrad kult med kristna förtecken, som får ett genomslag först när en hednisk föreställningsvärld slutligen trängts undan. I materiellt avseende ser vi detta bl a genom utbyggnader i kyrkorna och tillkomsten av särskilda vallfartskapell tillägnade lokala helgon.

Vad gäller förändringar i den profana, agrara bebyggelsen under senmedeltiden är kunskapsläget inte särskilt tillfredsställande. En viktig iakttagelse har dock kunnat göras beträffande huvudgårdarna under 1300-talet, då många av dessa lämnar sina äldre lägen i byarna och flyttar till mera avskilda platser. Bl a inom Ystadsprojektets undersökningsområde framträder denna förändring med stor tydlighet. Detta speglar ett moment i en social process, vilken innebär att stormännen i mentalt, materiellt och rumsligt avseende alltmera avlägsnar sig från andra befolkningskategorier. Vad som händer i övrig bebyggelse är mera osäkert. Som ovan nämnts skulle denna enligt en tidigare uppfattning ha legat i stort sett fast och oförändrad från äldre medeltid och fram till det skede som är dokumenterat på de äldsta kartorna, dvs tidigast 1600-talets senare del. Dock finns det skäl för att betrakta bebyggelseutvecklingen under senmedeltid och början av nyare tid som ett mera dynamiskt och komplicerat skeende än vad som antagits. Resultaten från Leksand får exemplifiera detta förhållande. Bebyggelsesituationen präglas här generellt sett av expansion under senmedeltid och början av nyare tid samtidigt som området i allt större utsträckning dras in i ett närmare beroendeförhållande till centralmakten genom olika fiskala pålagor. I slutet av 1600-talet och början av 1700-talet har av allt att döma en genomgripande förändring ägt rum. En spridd gårdsbebyggelse ersättes av stora, väl sammanhållna byar, ett mönster som fortfarande präglar Leksandsbygden. Det anmärkningsvärda är att fenomenet är okänt i andra källmaterial än det arkeologiska och med all sannolikhet torde incitamenten kommit inifrån; det är således inga administrativa beslut utifrån som förorsakat omstruktureringen av bebyggelsen. Den skall inte betraktas i enbart ett rent ekonomiskt sammanhang utan snarare som en del av en avgörande kulturell omdaning av bondesamhället i Dalarna. Början av 1700-talet utgör början på andra karakteristiska företeelser i detta samhälle, t ex en markerad uppgång för s k arbetsvandringar, säsongsvisa arbeten som bonde-

Fig 6. *Stensatt källare från gårdsanläggning i Leksand. Ödelagd i början av 1700-talet. Källaren undersöktes i samband med omläggning av Riksväg 70 1983–88. Foto: UV Uppsala.*

folkningen företog utanför den egna hembygden. Denna uppgång har sannolikt sina förutsättningar i en ny social situation, som tillkomsten av de stora byarna vid denna tid skapat.

Vad exemplet Leksand visar är att utvecklingen i det agrara samhället även i nyare tid kan vara avsevärt mångfasetterad och rymma betydligt mer än vad som finns dokumenterat på kartor eller i andra skriftliga källor. Som framgått kan arkeologin spela en framträdande roll när det gäller att spåra och klargöra väsentliga kulturella samband och rörelser i detta samhälle.

* * *

Det föregående har varit ett försök att diskutera utvecklingen på en medeltida svensk landsbygd ur en tämligen generell och kortfattad synvinkel. Syftet har varit att definiera ett antal problemställningar, som ansetts vara viktiga och relevanta utifrån ett bestämt synsätt och som fruktbara att arbeta med i arkeologiskt avseende. Det bör kraftigt understrykas att texten skall uppfattas i första hand som en utgångspunkt för vidare diskussioner och att de hypoteser, som presenterats, inte måste vara de enda av intresse i sammanhanget.

På ett grundläggande metodiskt plan har dock de arkeologiska lämningarna från en medeltida landsbygd alltid varit och kommer säkerligen även i framtiden att vara problematiska. Perioden från 1100-tal till 1500-tal är utan överdrift en av de mera svårgripbara vad gäller en profan materiell kultur på landsbygden. Några orsaker till detta förhållande är ganska uppenbara och välkända. Vad gäller föremålsbeståndet under det aktuella skedet har det av allt att döma främst varit frågan om en träkultur. Föremålen har således endast i ringa utsträckning bevarats i jorden utom i några enstaka fall där depositions- och bevaringsförhållanden varit speciella, t ex de rika fynden från Västannortjärn i Leksand. De medeltida agrara bebyggelselämningarna är oftast mer eller mindre förstörda av antingen överlagrande bosättning eller odling från senare tider. Eftersom det i huvudsak varit frågan om trähus på syll har dessa därför sällan lämnat distinkta spår i marken efter sig som exempelvis äldre skedens byggnader med jordgrävda stolpar. Detta gör att den medeltida landsbygdens bebyggelse i många fall i arkeologiskt avseende endast framträder som ofullständiga, svårtolkade fragment av byggnadslämningar med ett begränsat, icke-representativt och ofta svårdaterat fyndmaterial. Alla vedertagna boplatsanalyser av rumsliga strukturer, funktioner, byggnadsteknik, depositionsmönster etc, blir i detta sammanhang naturligt nog ytterst problematiska. Den metodiska utvägen ur denna till synes ganska besvärliga situation borde, vilket redan framhållits, kunna vara ett brett, källmässigt angreppssätt. Arkeologiska undersökningar av enskilda bebyggelselokaler ger ensamma kanske oftast begränsade resultat men i en vidare kulturell landskapskontext, i kombination med andra källmaterial, samt i ett längre tidsperspektiv kan dylika undersökningar få ett annat betydande kunskapsmässigt värde.

Inventering och sammanställning av landsbygdsundersökningar

Underlag och urvalsprinciper

Sammanställningen är rikstäckande och omfattar undersökningar av medeltida profana bebyggelselämningar på landsbygden, genomförda mellan åren 1955–1992.

Sammanställningens källa utgörs av "Arkeologi i Sverige" för åren 1969–1988, UVs årsberättelser för åren 1964–1968 och slutligen Fornminnesavdelningens verksamhetsredovisning för åren 1955–1960. För år 1989 har manus för "Arkeologi i Sverige" använts och för åren 1990–1992 har slutredovisningarna[1] på Riksantikvarieämbetets Registerenhet utgjort underlaget. För de sistnämnda åren kan sammanställningen vara ofullständig eftersom det är osäkert om alla slutredovisningar från dessa år har nått Registerenheten.

Sammanställningen inbegriper alla grävande institutioner i landet med undantag för åren 1955–1960 då endast UVs undersökningar finns att tillgå i ett samlat skick. Både exploaterings- och forskningsundersökningar är medtagna.

Alla typer av arkeologiska ingrepp ingår i sammanställningen: antikvarisk kontroll (AK), arkeologisk utredning (AU), förundersökning (FU) samt slutundersökning (UN). Begreppet arkeologisk utredning har använts för utredningar utförda sedan 1989, då nya Kulturmiljölagen (KML) trädde i kraft. Dessutom har begreppet utredning använts för ett fåtal fosfatkarteringar och inventeringar utförda före 1989 som i "Arkeologi i Sverige" inte definierats som förundersökning (se instruktioner för ifyllande av slutredovisningsblanketten). Den beskrivande texten för arkeologiska utredningar är ofta mycket översiktlig eftersom stora områden inbegrips. Detta innebär att det inte alltid går att utläsa i detalj vad som berörs utan ofta finns endast noteringar om eventuella medeltida by/gårdslägen.

I de fall för- och slutundersökning för ett objekt förelåg på två separata slutredovisningar, har objektet redovisats två gånger i sammanställningen. Den separata redovisningen är gjord med tanke på eventuella framtida jämförelser mellan för- och slutundersökningar.

I sammanställningen ingår inte den fullständiga beskrivningen från "Arkeologi i Sverige" eller slutredovisningen eftersom den valda redovisningen i listform då inte skulle fungera. I sammanställningens beskrivande text har särskilt tagits fasta på uppgifter om syfte, metod, ambitionsnivå, skriftligt källmaterial och kartmaterial samt resultat. Resultaten är redovisade i en mycket kort form, med tyngdpunkt främst på anläggningar och kulturlager, deras karaktär och datering. Om en längre resonerande text finns att tillgå rörande exempelvis tolkningsproblem och den av utrymmesskäl inte har kunnat tas med finns en notering i form av "Mer text...." i slutet på den beskrivande texten.

Undersökt yta eller löpmeter schakt har angivits då dylika uppgifter funnits redovisade.

Sammanställningen inbegriper undersökningar där det i ett förväntat och/eller faktiskt resultat redogörs för medeltida lämningar. Med undersökningar av "medeltida profana bebyggelselämningar på landsbygden" avses i sammanställningen lämningar som definierats som historiskt kända by/gårds-

[1] Slutredovisningsblanketten utgör underlaget för sammanställningen av undersökningarna i "Arkeologi i Sverige".

tomter med medeltida skriftliga belägg, eller by/gårdstomter med eftermedeltida belägg men där det finns misstanke om äldre bebyggelse. Dessutom ingår medeltida bebyggelselämningar på landsbygden utan angiven koppling till historisk känd by/gårdstomt eftersom källor som äldre kartor och skriftligt källmaterial kanske inte funnits att tillgå eller helt enkelt inte utnyttjats. Även undersökningar intill förmodade medeltida bebyggelselämningar eller historiskt kända by/gårdstomter är inkluderade i sammanställningen. Bebyggelselämningarna skall utgöra produktionsenheter vilket innebär att exempelvis borganläggningar inte inbegrips då dessa primärt kan ses som administrativa enheter. Mer tillfälliga, säsongsbetonade bosättningar som exempelvis tomtningar i skärgården är också medtagna. Torp har däremot uteslutits eftersom bebyggelselämningens fornlämningsstatus är under diskussion (Fornminnesavdelningens arbetsgrupp rörande "Utredning om bebyggelselämningar med skriftliga belägg från medeltid och in i modern tid" samt ett av de kommande numren av "Fornlämningar i Sverige" [FLIS] under 1993, efter 1/7 1995 hänvisas till Kunskapsavdelningen).

I sammanställningen ingår även undersökningar där den förväntade dateringen till medeltid inte har infriats eller där inget av antikvariskt intresse framkommit. Vid eventuella framtida utvärderingar rörande exempelvis förundersökningsmetoder kan uppgifter av denna typ vara intressanta. Dessutom kan ett negativt resultat vara ett uttryck för svårigheten att dels definiera medeltiden på landsbygden utifrån ett arkeologiskt källmaterial dels lokalisera medeltida bebyggelse utifrån ett historiskt-och kartografiskt källmaterial.

En förutsättning för att en undersökning skall ingå i sammanställningen är således att den använda källan, här företrädesvis "Arkeologi i Sverige", låter förstå att antingen förväntat eller faktiskt resultat var medeltida bebyggelselämningar enligt definitionen ovan.

Resultat

Sammanställningen visar att det vid slutet av 1960-talet och början på 1970-talet sker ett genombrott för by/gårdstomtsundersökningar (se fig 7). Under denna perioden är det främst undersökningar i Sörmland, Uppland, Skåne och på Gotland som dominerar. Men det är först under 1980- och 1990-talet som den verkligt stora ökningen av arkeologiska ingrepp inträffar (se fig 7). Både för- och slutundersökningarna blir fler, men det är framförallt de arkeologiska utredningarna som dramatiskt ökar fr o m 1989, då nya KML trädde i kraft (se fig 8).

Vid en jämförelse mellan antalet forskningsundersökningar och antalet exploateringsundersökningar framträder en brist på samvariation. Ökningen av antalet exploateringsundersökningar under 1980- och 1990-talen påverkade inte generellt

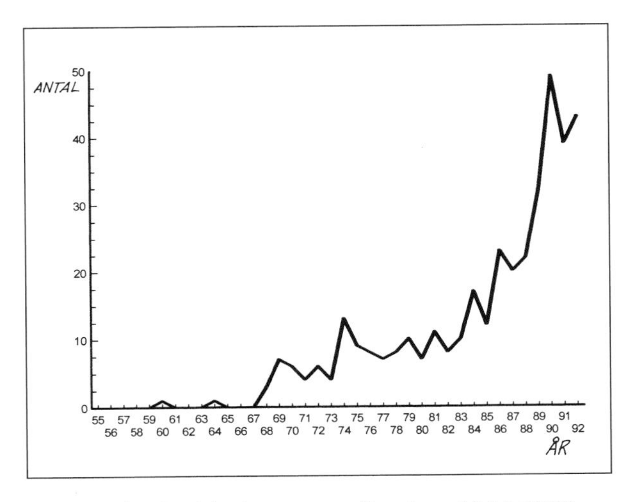

Fig 7. *Arkeologiska ingrepp mellan åren 1955-1992.*

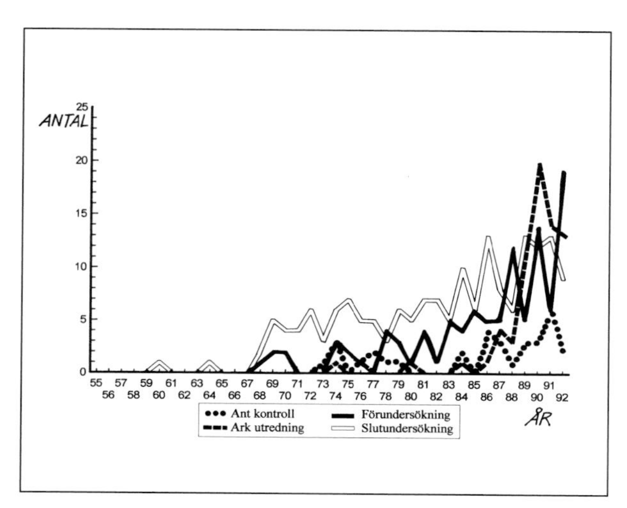

Fig 8. *Arkeologiska ingrepp fördelat på olika typer.*

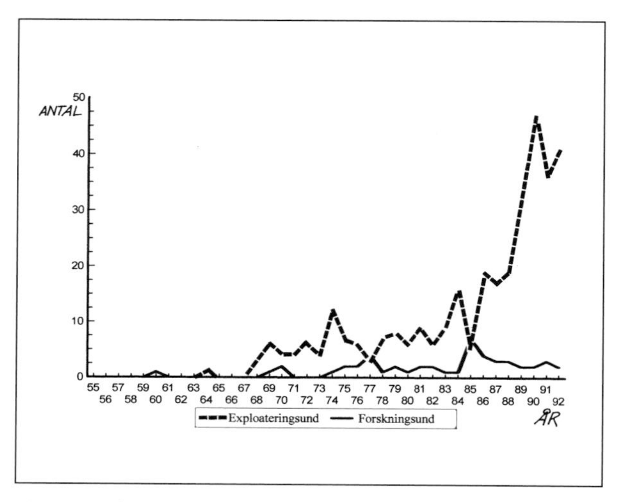

Fig 9. *Arkeologiska ingrepp fördelat på exploaterings-undersökningar resp forskningsundersökningar.*

antalet forskningsundersökningar, snarare tvärtom. Det finns dessutom en tydlig brist på samvariation under enstaka år, exempelvis år 1977 och 1985, då exploateringsundersökningarna blir färre och forskningsundersökningarna blir fler (se fig 9).

Av sammanställningen framgår också att det finns ett omfattande exploateringstryck på landsbygden i regionerna södra Götaland med Skåne och östra Svealand med Uppland (se fig 10).

Nedan följer en kort redovisning landskapsvis med utgångspunkt från sammanställningen. Texten kan med fördel läsas tillsammans med fig 11 och 12. Vid sammanställningen har inga undersökningar av medeltida bebyggelse registrerats i landskapen Medelpad, Härjedalen och Norrbotten.

Blekinge

I Blekinge är det enda arkeologiska ingreppet en förundersökning, 1984, av Hosaby i Mjällby sn, en förmodad "husaby".

Bohuslän

I Bohuslän har Göteborgs arkeologiska museum, UV-Väst och Bohusläns museum undersökt by/gårdstomter. Undersökningarna har framförallt skett under 1980- och 90-talen och har genomgående varit exploateringsundersökningar. Det rör sig om sammanlagt 16 arkeologiska ingrepp varav fem stycken är slutundersökningar.

Två förundersökningar har skett på gårdstomter med 1500- och 1600-tals belägg, men där ingen medeltid påträffats, endast nyare tid, 1600–1700-tal och yngre järnålder (Hogdal-Svinesund, Hogdals sn, RAÄ 380 och 423, 1992; Jörlanda-Berg 1:66, RAÄ 221, Jörlanda sn, 1991). Man talar uttryckligen i en av slutredovisningarna om den svårfångade medeltida bebyggelsen på landsbyggden (se Hogdal-Svinesund, Hogdals sn).

Slutundersökningarna berör tomtningar i skärgården med en trolig datering till 1300–1600-tal (Söö, Öckerö sn, 1990), två boplatser med medeltida lämningar utan angiven koppling till historiskt känd gård eller by (Skäggered, Björnlanda sn, 1969; Inlag, Norums sn, 1979) och slutligen två gårdar utan medeltida lämningar. De sistnämnda gav endast lämningar från 1700–1800-tal respektive järnålder och 1600–1800-tal (Hammar, Norums sn, 1987; Munkeröd, Norums sn, 1990).

Dalarna

Undersökningarna i Dalarna är alla exploateringsundersökningar utförda av Dalarnas museum, Arkeometallurgiska institutet och UV-Mitt.

Sammanlagt 11 arkeologiska undersökningar har berört medeltida bebyggelse. Av dessa var fem slutundersökningar. Huvuddelen av undersökningarna är utförda under 1980-talet men redan på 1970-talet grävdes i Västannorstjärn ett medeltida avfallslager från en eller flera gårdar (Västannor, Leksands sn, 1975–78).

En av de stora exploateringarna under 1980-talet gjordes med anledning av den nya sträckningen av riksväg 70 utanför Leksand (Tunsta–Leksand–Krökbacken, Leksands sn). I samband med denna berördes 1983–84 flera gårdar av slutundersökningar. På de flesta av de 13 platser som undersöktes längs vägsträckningen framkom gårdslämningar från senmedeltid och 1600–1700-tal. Lämningarna bestod av syllstenar, stolphål, spisfundament och källargropar/källare. Även vikingatida boplatslämningar i form av stolphus och grophus påträffades. Undersökningarna möjliggjorde en studie av bebyggelsens första etablering och kontinuitet i området samt dess struktur och karaktär.

Dalsland

I Dalsland har UV-Väst och Älvsborgs museum vardera gjort en förundersökning under 1980- och 90-talen. UV-Väst förundersökte en gård med anor från

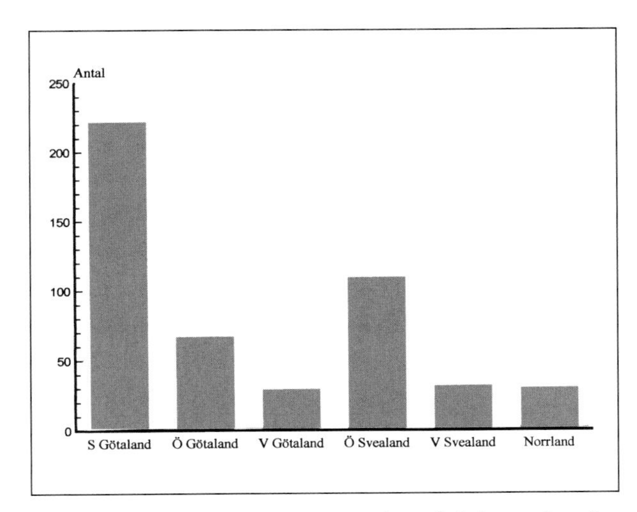

Fig 10. *Den sammantagna grävningsaktiviteten i regionerna: östra Svealand (Up, Sö), västra Svealand (Nä, Västml, Värm, Da), östra Götaland (Ög, Små, Öl, Go), västra Götaland (Vg, Bo, Dals), södra Götaland (Sk, Ble, Ha), och Norrland (Hä, Gä, La, Ång, Vb, Jäm) mellan åren 1955-1992.*

1500-tal, men det framkom inga lämningar äldre än 1900-tal (Hassle, Holms sn, 1990). Den förundersökning som gjordes av Älvsborgs museum var en forskningsundersökning som berörde medeltida bebyggelselämningar utan koppling till historiskt känd by/gårdstomt (Lövås, Gestad sn, RAÄ 10, 1988).

Gotland

På Gotland har RAGU och Kulturgeografiska institutionen vid Stockholms universitet gjort undersökningar av medeltida gårdar. Dessutom har Gotlands fornsal utfört några av de äldre undersökningarna. Sammanlagt 17 arkeologiska ingrepp har gjorts på Gotland, varav tio var slutundersökningar.

Det är främst under 1970-talet som de medeltida gårdsundersökningarna sker på Gotland, flertalet i

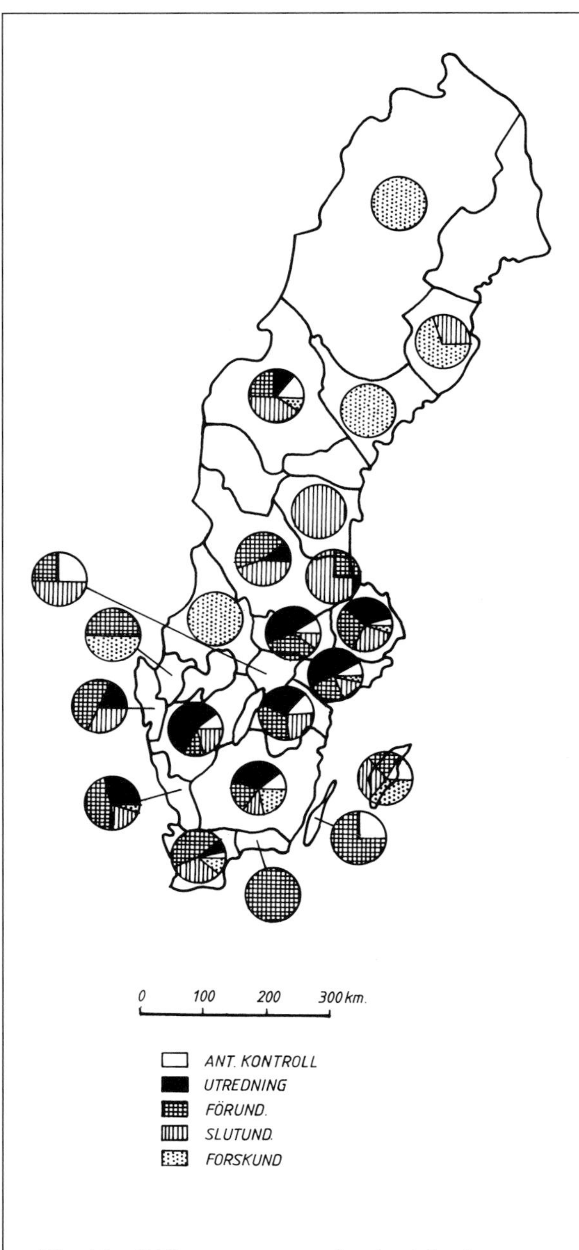

Fig 11. *Olika typer av arkeologiska ingrepp gjorda mellan åren 1955-1992 fördelade landskapsvis.*

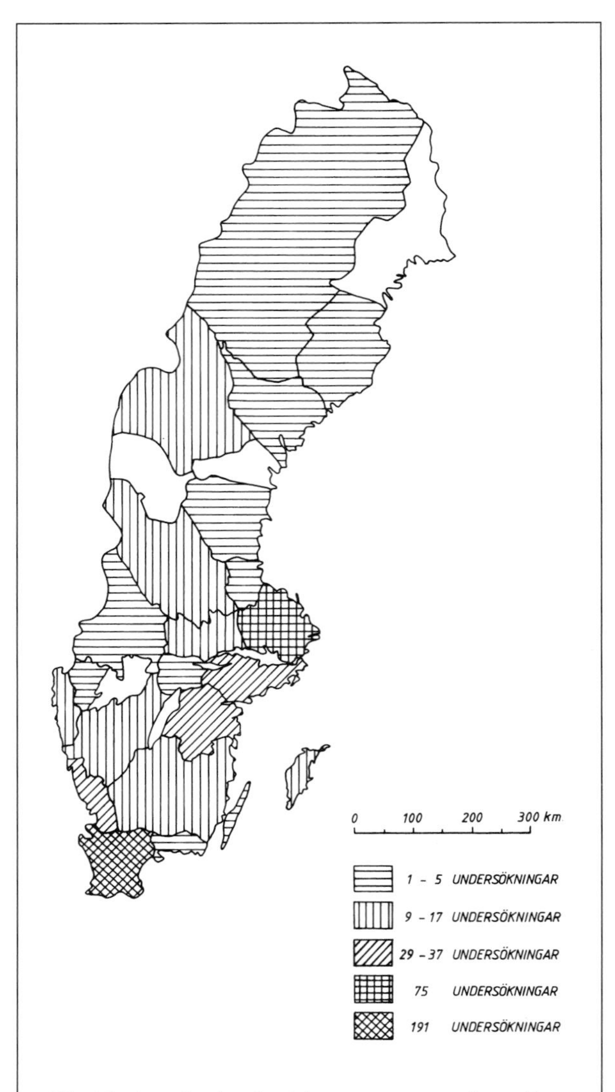

Fig 12. *Antal arkeologiska ingrepp gjorda mellan åren 1955-1992 fördelade landskapsvis. Grupperna har ingen statistisk indelningsgrund utan illustrerar den faktiska undersökningsfrekvens i de olika landskapen. Högsta respektive lägsta antal ingrepp är redovisade i varje grupp. Landskapen Skåne och Uppland är emellertid redovisade var för sig pga sin i sammanhanget höga undersökningsfrekvens.*

form av större forskningsundersökningar: Källstäde, Lärbro sn 1969–72 (Gotlands Fornsal och RAGU), Burge, Lummelunda sn 1970–78 (Gotlands Fornsal), Stora Sojdeby, Fole sn 1976–77 (RAGU), Stenstugu, Ala sn 1977 (Stockholms Universitets kulturgeografiska institution), Hellvi annex, Hellvi sn 1978 (RAGU). Endast tre slutundersökningar gjordes under 1980- och 90-talen. En av dessa är gården Mojner i Boge sn, där vikingatida och medeltida bebyggelselämningar undersöktes. I Snauvalds i Västergarns sn (RAÄ 50) undersöktes 1986 och 1989 ett medeltida kulturlager.

Gästrikland

I Gästrikland har UV-Mitt gjort undersökningar i samband med exploateringar. Undersökningarna, som är gjorda under 1980-talets första hälft, utgörs av för- och slutundersökning av Gamla Valls bytomt (Valbo sn, RAÄ 175, 1983–84) och en slutundersökning av Sätra by i Gävle. På gamla Valls bytomt påträffades husgrunder från medeltid och 1500–1600-tal samt ett medeltida kulturlager som överlagrade spår av järnframställning. Även vid undersökningen i Sätra by 1981 framkom lämningar efter järnframställning, i form av gropbottnar och schaktugnar. Dessutom påträffades stolphus, vilka tillsammans med spåren efter järnframställning kan dateras till vikingatid – tidig medeltid.

Halland

I Halland har Hallands läns museum, UV-Väst och Göteborgs universitet gjort sammanlagt 29 stycken arkeologiska ingrepp. Alla ingrepp har varit föranledda av markexploatering utom en förundersökning av en kortvarig marginalbebyggelse från 1200-talet i Ölmannäs, Ölmevalla sn (1979, Göteborgs Universitet), som utfördes i rent forskningssyfte.

Sju slutundersökningar i samband med markexploatering genomfördes under perioden 1979–1991. Omedelbart norr om Varla by i Tölö sn (fornl 117) undersöktes 1976 en järnåldersboplats. En av byns gårdstomter blev 1989–90 föremål för undersökning, vilket resulterade i bebyggelse från yngre järnålder till nyare tid. År 1979 undersöktes By bytomt (Stråvalla sn, RAÄ 49). Här framkom husrester som sannolikt härrörde från 1500-tal och framåt. I samband med undersökning 1979 av en boplats från bronsålder/äldre järnålder i Stocken, Stråvalla sn (RAÄ 58) påträffades fynd som sannolikt kan dateras till medeltid. Ett område, som enligt en skriftlig källa från år 1603 skall ha tillhört huvudgården Perstorp i Eldsberga sn, undersöktes 1990. Här framkom bl a stolphål som tolkades som perifera anläggningar till huvudgården. Lämningarnas datering antogs vara högmedeltid och nyare tid. År 1991 berördes delar av Ranntorps gamla byområde (Lindome sn, RAÄ 170:3) av en undersökning. De konstruktioner och fynd som framkom daterades till 1700-talet och framåt.

Hälsingland

Endast en undersökning av medeltida bebyggelse har företagits i Hälsingland. Området heter Björka i Hälsingtuna sn (RAÄ 123–124) och undersöktes 1982–83 av UV-mitt. Här framkom boplatslämningar från folkvandringstid fram till 1500-talet. Den medeltida bebyggelsen bestod av ett 20-tal huslämningar av stensyllar, jord- eller stenvallar eller torvhus. Vissa hus hade spiskonstruktion, men även stekhällar och skärvstenslager förekom. Minst två tidsskikt kunde urskiljas i den medeletida bebyggelsen.

Jämtland

Det är framförallt under 1980-talet som Jämtlands läns museum har utfört undersökningar av s k ödesböl. Sammanlagt 12 arkeologiska ingrepp har gjorts, varav hälften är slutundersökningar.

De flesta slutundersökningarna var delundersökningar eller undersökningar där det inte klart framgår om det var slutundersökningar. Den enda större slutundersökningen är gjord i Hov i Ås sn (RAÄ 45, 1982), ett boplatsområde som hyser lämningar i form av husgrunder, stolphål och gropugnar från äldre järnålder till 1500-talet.

I Jämtland har dessutom två stycken forskningsundersökningar genomförts av Jämtlands länsmuseum. En förundersökning av ett ödesböle med en källare som anses kunna vara medeltida, Västeråsen, Ovikens sn (RAÄ 80, 1986) samt en slutundersökning av en medeltida gårdsanläggning med en husgrund och gårdsplan (Alsens sn, RAÄ 92, 1977).

Lappland

I Lappland har undersökningar av medeltida boplatslämningar endast skett inom olika forskningsprojekt vid Umeå universitets arkeologiska institution. Undersökningarna är gjorda under slutet av 1970-talet och 1980-talet inom följande projekt:

"Vikingatida och medeltida bosättning- och näringsformer i Övre Norrlands inland". Undersökningarna rör inventering av härdar samt registrering av metallfynd med metalldetektor vid härdarna. Dessutom har en mindre yta grävts i anslutning till härdar. Härdarna kan dateras till vikingatid–1800-tal (Gällivare sn m fl, 1987, Uddjaur 1:1, Arjeplogs sn, 1984).

"Arkeologiska undersökningar och tolkningar av samiska lämningar i Sverige från första och andra årtusendet e Kr". Inom projektet har boplatslämningar i form av tältkåtor och härdar undersökts. Boplatslämningarna har daterats till 1000–1700-tal (Sierkavagge, Jokkmokks sn, 1977–78).

Närke

Endast fyra arkeologiska undersökningar har gjorts i Närke. Av dessa är två stycken slutundersökningar. Ingreppen har gjorts av UV-Mitt under 1970-talet och början av 1980-talet.

De två slutundersökningarna berör båda Ölogen i Norrbyås sn (RAÄ 14, 1973, 1975–76). Här framkom medeltida bebyggelse utan angiven koppling till historisk känd by/gårdstomt.

Skåne

I Skåne har Kristianstad läns museum, Landsantikvarien i Malmöhus län, Landsantikvarien i Lund, Landsantikvarien i Kristianstad, Lunds Universitets Historiska Museum, Lunds universitets arkeologiska institution: Malmö museer, Skånes hembygdsförbund och UV-Syd ansvarat för undersökningar av gårds/bytomter.

Det är främst i samband med olika typer av markexploatering som de arkeologiska ingreppen har utförts, sammanlagt 191 stycken. Endast 19 stycken undersökningar är gjorda i enbart forskningssyfte och de är alla genomförda på 1980-talet. De forskningsprojekt som inbegripit undersökningar av by/gårdstomter i Skåne är: "Ystadprojketet", "Kulturlandskapet 6000 år", "Borgen i bygden" samt "Nordiska ödegårdsprojektet".

Ett fyrtiotal byar med medeltida anor har blivit föremål för större eller mindre slutundersökningar. Det är huvudsakligen byarna i slättbygderna som blivit undersökta, men enstaka undersökningar har också utförts i ris- och skogsbygderna (t ex Ödåkra, Fleninge sn, RAÄ 75, 1991/ Väla, Kropp sn, RAÄ 46,

1991) (Söderberg 1993). Merparten av undersökningarna är utförda under 1980-talet men några byar undersöktes redan på 1970-talet: Oxie (Oxie sn, 1972–77), Hindby (Fosie sn, 1971–72, 1974), Fosie (Fosie sn, 1972, 1976, 1978), Lilla Tvären (Hedeskoga sn, 1971), Ilstorp (Ilstorp sn, 1975), Tygelsjö (Tygelsjö sn, 1971), Västra Skrävlinge (V Skrävlinge sn, 1969), Löddeköpinge (Löddeköpinge sn, 1972, 1974). Även under 1980-talet har slutundersökningar genomförts i flera av dessa byar.

Som exempel på slutundersökningar som är gjorda under 1980-talet, där intressanta diskussioner kan föras rörande bebyggelseutveckling i ett långtidsperspektiv, kan nämnas: Önnerup (Fjelie sn, 1983–84), Hjärup (Uppåkra sn, 1986–87), Käglinge (Glostorp sn, 1988), Gårdstånga (Gårdstånga sn, 1989) och Tuna (S:t Ibbs sn, 1989).

Småland

De institutioner som har gjort undersökningar i Småland är Hallands läns museum, Smålands museum, Jönköpings läns museum och UV-Mitt. Huvuddelen av undersökningarna har skett under 1980- och 1990-talen.

Sammanlagt har åtta arkeologiska ingrepp gjorts varav tre är slutundersökningar. Under åren 1975–76 undersöktes Vallby by på Visingsö som en del i en arkeologikurs vid Visingsö folkhögskola. Här framkom medeltida lämningar. På Berga kyrkogård i Berga sn (Hulan, RAÄ 64) undersöktes 1986 medeltida bebyggelselämningar i form av en brunn och en härd. Platsen för det s k Bolet i Lessebo sn undersöktes 1988–89 i syfte att klargöra om detta var läget för den medeltida byn Låseboda. Vid undersökningen framkom lämningar från järnålder och medeltid samt 1600–1700-talet.

Sörmland

I Sörmland har de grävande institutionerna varit UV-Mitt och Länsmuseibyrån. Sammanlagt 32 arkeologiska ingrepp har genomförts på eller i anslutning till medeltida by/gårdstomter. Av dessa var endast sex slutundersökningar. Under andra hälften av 1980-talet och 1990-talet gjordes framförallt många utredningar och förundersökningar. Däremot kan huvuddelen av slutundersökningarna hänföras till slutet av 1960-talet och början av 1970-talet. År 1968 gjordes en undersökning av en boplats med lämningar från vikingatid till nyare tid (Årby, Eskilstuna stad). I Kyrkbyn i Härads sn (RAÄ 59) undersöktes 1969 boplatslämningar från sen vikingatid/tidig medeltid. Följande år blev Baljesta i Sättersta sn föremål för en slutundersökning. Här framkom medeltida boplatslämningar. På Mesta bytomt (Eskilstuna stad, Fors, RAÄ 59) som undersöktes 1974 påträffades anläggningar och fynd från yngre järnålder och 1600-tal.

Under 1980-talet bedrevs under flera år forskningsundersökningar på Husby backe i Överenhörna sn (RAÄ 61, 1982–89, Stiftelsen Husby-Enhörna). Syftet var att öka kunskapen om Överenhörna kungsgårds bebyggelsestruktur och datering. Vid undersökningarna framkom konstruktioner från vikingatid till 1700-tal. Den enda slutundersökningen som hittills utförts under 1990-talet är ett område som gränsar till Tavesta bytomt i Överjärna sn (Kyleberg, fornl 73, 1990). Här påträffades boplatslämningar från yngre järnålder.

Uppland

I Uppland har Arkeologikonsult AB, Sigtuna museer, Stockholms stadsmuseum samt UV utfört sammanlagt 75 undersökningar. Under 1980- och 90-talen fördelar sig undersökningarna någotsånär jämt mellan utredningar (25 st), förundersökningar (21 st) och slutundersökningar (18 st). Endast sex slutundersökningar genomfördes mellan 1960- och 1970-talen.

Vid flera gravfältsundersökningar under 1960- och 1970-talen påträffades boplatslämningar från medeltid och nutid: Norrby, Lunda sn (1965), Råbyområdet, Bro sn och Danmarks by, Danmarks sn (1970), Säby, Östra Ryd sn (1976). Men det finns också exempel på undersökningar på 1970-talet där det primära objektet varit själva by/gårdstomten: Kymlinge gamla byplats, Spånga sn (1973), Östhamra, Frötuna sn (1975). Vid dessa undersökningar framkom boplatslämningar från vikingatid/medeltid till nutid.

I samband med omläggningen av väg E18 mellan Bålsta och Enköping gjordes flera undersökningar på och i anslutning till bytomter (Bålsta, Yttergrans sn, 1986–87; Skäggesta, Litslena sn, 1986; Pollista, Övergrans sn, 1986–87, 1989–90). Vid Pollista gamla bytomt med medeltida anor påträffades bebyggelselämningar från vikingatid till 1900-tal. De båda undersökningarna vid Skäggesta och Bålsta berörde endast området intill den historiskt kända bytomten. I Bålsta framkom byggelselämningar från vikingatid till nutid som tolkades som perifera anläggningar hörande till bytomten. Vid undersökningarna i Skäggesta hittades, förutom boplatslämningar från yngre järnålder, fynd och anläggningar från medeltid och nyare tid. Detta kan möjligen antyda att gårdarna i Skäggesta flyttats till sitt nuvarande läge, några hundra meter väster om det undersökta området först under senmedeltid eller 1500–1600-tal.

Större undersökningar av by/gårdstomter har också gjorts i Gredelby, Knivsta sn (RAÄ 3, 4, 1984–85), Viby, Sollentuna sn (1989), Sanda, Fresta sn (RAÄ 147, 1990–91). Undersökningsområdet vid Sanda låg ca 300 m öster om nuvarande Sanda gård med äldsta belägg från 1408. Vid undersökningen framkom bebyggelse från ca 550–1650. Bosättningens struktur och fyndmaterialets sammansättning indikerar att Sanda representerar ett socialt mellanskikt av storbönder och hövdingar.

Två forskningsundersökningar inom projektet "Individen, samhället och kulturlandskapet" eller "Barknåre-projektet" har också gjorts under 1980-talet. Det är den under senmedeltid ödelagda byn Lingnåre i Hållnäs sn som undersöktes 1981–82 (Stockholms universitet, arkeologiska institutionen). Här framkom delar av ett medeltida gårdskomplex.

Värmland

Flera forskningsundersökningar har utförts i Värmland under 1990-talet. Värmlands museum har ansvarat för undersökningarna av sammanlagt tre ödegårdar: Skramle och Lilla Årbotten i Gunnarskogs sn (1990, 1991 resp 1992) samt Mjöttan i Gillberga sn (1991). Syftet med undersökningarna var att undersöka vilka lämningar som finns på en medeltida ödegård och vilka spår dessa lämningar kan tänkas avsätta i terrängen. Vid undersökningarna har hittills endast svårdaterade huslämningar framkommit.

Västerbotten

I Västerbotten har tre lokaler undersökts (Berget, Piteå landsförsamling, 1974, Kåtaselet, Jörns sn, 1977–80, Ön Skomakaren, Övertorneå sn, 1988). Det är endast undersökningen i Kåtaselet som är utförd med anledning av markexploatering. Här undersökte Västerbottens och Skellefteå museer senmedeltida lämningar bl a en husgrund med eldstad eller ugn samt en smidesplats. De andra två undersökningarna är båda forskningsundersökningar. På ön Skomakaren (RAÄ, FD) framkom lämningar från 1500–1600-talen medan undersökningarna i Berget (landsantikvarien i Luleå) endast resulterade i spisrösen från 1700–1800-talen.

Västergötland

De grävande institutionerna i Västergötland är Bohusläns museum, Skaraborgs länsmuseum, UV-Väst och Göteborgs arkeologiska museum. De arkeologiska ingreppen är gjorda huvudsakligen under 1980- och 1990-talet. Sammanlagt rör det sig om tio ingrepp varav fem är utredningar och endast två är slutundersökningar. Dessa undersökningarna har alla skett i samband med markexploatering.

De två slutundersökningarna är båda gjorda under 1984: Skattegården i Södra Kedums sn där en järnframställningsplats tillhörande den medeltida byn påträffades och Bräddegården i Råda sn vid vilken boplatslämningar från yngre järnålder/tidig medeltid och 1600-talet framkom.

Under 1980- och 1990-tal har det förekommit flera forskningsundersökningar av gårds/bytomter i Västergötland. Men dessa har inte kunnat återfinnas i "Arkeologi i Sverige" eller motsvarande, varför de endast omnämns här. Eyvind Claesson har i samband med forskning rörande romanska kyrkor i Västergötland gjort undersökningar i flera kyrkbyar (Näs, Skörstorp, Östra Gerum, Sätuna, Hornborga och Brunnhem) (Claesson 1990 s 63). Dessutom har gården Bjärsjöås i Bergums sn, under perioden 1984–1990, blivit föremål för ett tvärvetenskapligt forskningsprojekt (Göteborgs Universitet). Gården har ett äldsta belägg från 1560-talet (Sandberg 1987).

Västmanland

I Västmanland har Västmanlands museum, UV-Mitt och UV-Uppsala tillsammans utfört elva stycken arkeologiska undersökningar. Av dessa är åtta utredningar och förundersökningar som huvudsakligen skett under 1990-talet. Den enda slutundersökningen genomfördes 1972 i byn Lövsta, Dingtuna sn. Här framkom enbart lämningar från 1700–1800-talet.

Ångermanland

Liksom i Värmland och Lappland har endast forskningsundersökningar gjorts i Ångermanland. Det är den arkeologiska institutionen vid Umeå universitet som stått för de fem undersökningarna.

Under åren 1977–87 undersöktes en stor järnåldersgård i Gene, Själevads sn. Här framkom bl a ett syllstenshus från 1200-talet. Inom ramen för projektet "Undersökningen av den äldre bebyggelsekontinuiteten i Ångermanland" genomfördes 1987–90 en undersökning i Prästbordet (Arnäsbacken, RAÄ 12), Arnäs sn. Området visade sig hysa medeltida husgrunder vilka tidigare varit registrerade som gravhögar. I Grundsunda sn undersöktes Kyrkesviken (RAÄ 121) på 1930-talet samt under 1990–92. Här fanns en synlig grund som tolkades som resterna efter socknens första kyrka. I anslutning till husgrunden framkom syllstensrader och spisrösen och ett fyndmaterial huvudsakligen från 1200-talet. Agnsjögården, Anundsjö sn är belagd 1443 i skriftligt källmaterial. Vid undersökningen framkom en förmodad husgrund samt ett medeltida fyndmaterial. I Björned (RAÄ 23), Torsåker sn gjordes en undersökning inom projektet "Styresholm-projektet" 1992. Här framkom ett eller flera medeltida hus i anslutning till den tidigkristna begravningsplatsen i Björned.

Östergötland

I Östergötland har flera arkeologiska ingrepp utförts under framförallt 1980- och 1990-talen. Undersökningarna är alla föranledda av markexploatering och är utförda av UV-Mitt och Östergötlands läns museum. Det är 11 stycken arkeologiska utredningar och 13 stycken förundersökningar som utgör merparten av ingreppen. Sammanlagt åtta slutundersökningar har berört medeltida by/gårdstomter eller medeltida bebyggelseundersökningar.

Vid flera slutundersökningar har påträffats endast lämningar från järnålder, 1600–1700-tal och nyare tid. Bytomten Smedby i S:t Johannes sn (RAÄ 89) undersöktes 1980. Här framkom inga medeltida lämningar endast yngre järnålder, 1600–1700-tal och nyare tid. År 1989 undersöktes Högby by (Skälv 6717) i Borg sn (RAÄ 186) vilket resulterade i lämningar från järnålder. Ett område invid Lilla Ullevi gård, Linköping undersöktes 1989. Även här påträffades endast boplatslämningar från yngre järnålder. Ett kulturlager och stolphål från järnålder undersöktes 1991 på Eneby gamla tomt (Borg sn, RAÄ 206).

I samband med fyra slutundersökningar framkom dock medeltida lämningar. År 1984 undersöktes Eke medeltida bytomt (Kimstad sn, RAÄ 206). Resultatet blev ett gårdskomplex med bl a medeltida inslag. I Mörtlösa by, Linköping (stg 940A) framkom 1987 vikingatida och tidig medeltida huskonstruktioner. Ett område i anslutning till Borgs bytomt och medeltida kyrka undersöktes 1992 (Borgs säteri 6702, Borg sn, RAÄ 276). Här påträffades kulturlager och konstruktioner från järnålder och medeltid. Samma år framkom anläggningar och fyndmaterial från medeltid och nyare tid vid Oxlagården i Bjälbo sn (Bjälbo trädgård).

Under 1990-talet har projektet "Kan man leva på en ödegård?" påbörjats i Östergötland. Projektet sker i samarbete mellan olika institutioner vid Lunds universitet (Medeltids-arkeologiska institutionen, Kvartärgeologiska institutionen, Ekologisk botanik, Historiska institutionen) och Stockholms universitet (Kulturgeografiska institutionen). Syftet är att utifrån en lokaliserad enskild övergiven gård (Hemvidakulla, Skavarps äng, Västra Ryds sn) rekonstruera ett jordbruksekosystem och relatera detta till det dåtida samhällets sociala system samt diskutera sambandet mellan dessa system.

Öland

På Öland har endast en antikvarisk kontroll och tre förundersökningar utförts. Undersökningarna är gjorda av antingen Kalmar läns museum eller UV. Den antikvariska kontrollen utfördes 1979 och berörde Hulterstads by i Hulterstads sn (RAÄ 73). Här framkom kulturlager som eventuellt kan dateras till medeltid–nutid. I Bredsätra, Bredsätra sn (RAÄ 39, 1993) framkom en husgrund som daterades till medeltid–nyare tid. Vid de två andra förundersökningarna (Ölands södra udde, Ås sn, 1988 och Algutsrums by m fl, Algutsrums sn m fl, 1988) framkom inget av antikvariskt intresse.

Mellan etapp 1 och 2 – summering och planering

Den föregående texten har i tur och ordning innehållit en beskrivning av och kommentar till ett aktuellt forskningsläge rörande medeltida landsbygd i Sverige, ett försök till problemformulering utifrån ett bestämt teoretiskt förhållningssätt till ämnet, samt en inventering av samtliga landbygdsundersökningar mellan 1955 och 1992. Det kunde konstateras att ett relativt sett stort antal undersökningar utförts men att forskningen kring dessa undersökningar varit begränsad. Några större forskningsprojekt under de senaste årtiondena har emellertid inneburit en förnyelse av diskussionen kring det medeltida kulturlandskapet. Även om arkeologin här haft en framträdande roll, har den dock i stor utsträckning styrts av specifikt historiska och kulturgeografiska frågeställningar. Ett försök gjordes att formulera ett alternativt synsätt, vilket innebar att landskapet i sin helhet uppfattades som en alltigenom kulturell produkt. Här i finns också en stark övertygelse att man därmed kommer att kunna utnyttja ett arkeologiskt källmaterial på ett betydligt mera differentierat och fruktbart sätt än tidigare.

I och med slutförandet av denna första etapp, som i första hand utgjort en lägesbeskrivning och formulering av utgångspunkter, har grunden lagts för nästa steg, som innebär ett mera ingående studium av vissa utvalda lokaler. I inledningsavsnittet angavs kortfattat förutsättningar och yttre ram för denna andra etapp. I avsnittet Problemområden gjordes ett försök att diskutera utvecklingen av den medeltida landsbygden från slutet av yngre järnålder till början av nyare tid ur en kulturellt-kognitiv synvinkel. Diskussionen tog avstamp i konkreta exempel från ett bestämt, geografiskt område men avsåg att urskilja temata med generell relevans, vilka skulle kunna fungera som utgångspunkter för ett arkeologiskt studium av medeltida, agrara miljöer. Diskussionen kan summeras i några överordnade problemställningar.

- *Människan i den medeltida bygden. Sociala relationer och övergången till en ny ideologi.*
- *Naturresurser, teknologi och kulturella mönster. Från besvärjelse till behärskande av naturen.*
- *Motståndets eller samförståndets landskap? Relationer mellan den lokala bygden och centralmakten.*

Det empiriska underlaget för studiet kommer sålunda att omfatta ett antal s k nyckellokaler utvalda bland de landsbygdsundersökningar, som utförts under åren 1955–1992. Vilka kriterier skall då vara vägledande vid valet av nyckellokaler? För det första måste undersökningen på den aktuella lokalen ha en sådan omfattning och karaktär att ett studium överhuvudtaget blir meningsfullt. De undersökta lämningarna bör alltså vara varierade och väl urskiljbara rumsliga helheter samt kunna dateras tillfredsställande. För det andra bör de ha en god geografisk spridning över landet. Flera geografiskt olikartade regioner bör vara representerade med undersökningar, vilket kan möjliggöra jämförande analyser. För det tredje måste de aktuella undersökningarna hålla hög kvalitet vad gäller dokumentation samt vara tillgängliga i någon form av rapport.

Utvärderingen av en nyckellokal innebär inledningsvis en kritisk granskning av undersökningsresultaten. Vilken målsättning har man haft inför undersökningen och på vilka grunder har man formulerat denna målsättning? I vilken utsträckning har man härvidlag förhållit sig till ett aktuellt forskningsläge? Hur har man vidare gått tillväga metodiskt för att uppfylla denna målsättning och hur har man slutligen tolkat resultaten? Hur förhåller sig detta sista moment till den ursprungliga målsättningen? Därefter göres en sammanfattande värdering av genomgången av de enskilda lokalerna, särskilt med avseende på synsätt, metodisk medvetenhet och tolkningsmodeller.

Som nästa steg kommer denna granskning av lokaler att följas av ett antal specialanalyser. Dessa blir tematiska studier och kommer inte, i motsats till föregående genomgångar, att utgå från en särskild arkeologisk lokal. Meningen är att de skall anknyta till de tre ovan nämnda, överordnade problemställningarna, som var och en för sig rymmer en mängd delaspekter och som möjliggör belysning av en rad olikartade kategorier av källmaterial. Specialanalyserna kommer sålunda att utnyttja genomgången av de olika nyckellokalerna som en empirisk grund speciellt med hänsyn till den potential av geografiska jämförelser som finns i denna genomgång.

Med denna uppläggning av utvärderingen kan flera målsättningar uppfyllas. Ett antal viktiga arkeologiska undersökningsmaterial aktiveras och diskuteras i ett jämförande perspektiv. Samtidigt initieras en generell diskussion rörande ett arkeologiskt utforskande av den medeltida landsbygden, vilken bör kunna verka stimulerande på framtida verksamhet. Slutligen kan också ett nytt kulturellt synsätt tillämpas och utvecklas, vilket förhoppningsvis skall vara fruktbart särskilt ur en primärt arkeologisk synvinkel.

Litteratur

Följande sammanställning innehåller litteratur, som uppfattats som relevant för forskning kring den medeltida landsbygden. Listan innehåller verk om svenska landsbygdsundersökningar men också sådan utländsk litteratur som är av generellt teoretiskt och metodiskt intresse för ämnet. På samma sätt finns här även relevanta titlar från grannämnen såsom historia, antropologi och kulturgeografi. Sammanställningen gör inga anspråk på någon fullständighet.

Ambrosiani, B. Fornlämningar och bebyggelse. Studier i Attundalands och Södertörns förhistoria. 1964.

Andersson, H & Anglert, M (red). By, huvudgård och kyrka. Studier i Ystadsområdets medeltid. Lund studies in medieval archaeology 5. 1989.

Andersson, H. Reflections on Swedish medieval rural archaeology. Archäologie des Mittelalters und Bauforschung im Hanseraum. Eine Festschrift für Günther P Fehring (Hsg v Gläser, M). 1993.

– In i det historiska landskapet. Andersson, H & Lagerroth, U-B (red). Roller och rötter. 1994.

Andersson, R. Byar och fäbodar i Leksands kommun. Kulturhistorisk miljöanalys. Dalarnas museums serie av rapporter: 13. 1983.

Andersson, S. Bebyggelseutvecklingen i den värmländska skogsbygden under medeltid. META 1991:2.

Andersson, S & Svensson, E. Projektbeskrivning. Skramle – en medeltida ödegård i skogsbygd. 1993.

Andersson, S & Svensson, E. Skramle i Gunnarskog – eller sagan om en medeltida ödegård. META 1994:2.

Arkeologi i fjäll, skog och bygd. 2 Järnålder–medeltid. Fornvårdaren 24. 1989.

Astill, G & Grant, A. The Countryside of Medieval England. 1992.

Bartholin, T. Alla tiders träd. Forska på tvären. Naturvetenskapliga forskningsrådets årsbok 88/89. 1989.

Berg, J. Överexploatering och ödeläggelse? En rekonstruktion av en medeltida ödegård ur ett ekologiskt perspektiv. 1993.

Berglund, B E (ed). The cultural landscape during 6000 years in southern Sweden – the Ystad Project. Ecological Bulletins No. 41. 1991.

Bergner, B. Hedniska kultplatser och kristna kyrkor i Storsjöbygden. META 1987:4.

Billberg, I. Byområde och bebyggelsekontinuitet. META 1981:3–4.

Billberg, I, Reisnert, A & Rosborn, S. Malmöbyars historia. Elbogen 1980:2.

Birks, H H et al. The Cultural Landscape – Past, Present and Future. 1988.

Brink, S. Sockenbildningen i Sverige. Kyrka och socken i medeltidens Sverige (red Ferm, O). Studier till det medeltida Sverige 5. 1991.

Broberg, A. Bönder och samhälle i statbildningstid. En bebyggelsehistorisk studie av agrarsamhället i Norra Roden 700–1350. Rapporter från Barknåreprojektet III. Upplands fornminnesförenings tidskrift 52. 1990.

– Religionsskifte och sockenbildning i Norduppland. Kyrka och socken i medeltidens Sverige (red Ferm, O). Studier till det medeltida Sverige 5. 1991.

– Archaeology and East-Swedish Agrarian Society

700–1700 A.D. Rescue and Research. Reflections of Society in Sweden 700–1700 A.D. Riksantikvarieämbetet, Arkeologiska undersökningar, Skrifter No 2. 1992.

Broberg, A & Svensson, K. Urban and rural consumption patterns in eastern central Sweden AD 1000–1700. Theoretical Approaches to Artefacts, Settlement and Society. Studies in honour of Mats P. Malmer. BAR. International Series 366. 1987.

Brunius, J. Bondebygd i förändring. Bebyggelse och förändring i västra Närke ca 1300–1600. 1980.

Bååth, K. Öde sedan stora döden var. Bebyggelse och befolkning i Norra Vedbo under senmedeltiden och 1500-tal. Bibliotheca Historica Lundensis LI. 1983.

Callmer, J. To stay or to move. Meddelanden från Lunds universitets historiska museum 1985–1986.

Carlsson, D. Kulturlandskapets utveckling på Gotland. En studie av jordbruks- och bebyggelseförändringar. 1979.

Christophersen, A. Det kultiverte naturlandskapet. Universitetets Oldsakssamling, Årbok 1991/1992. 1993.

Connelid, P. Rapport från kulturgeografiska fältarbeten i Skavarps äng 1991. Projektet "Kan man leva på en ödegård?". 1989.

Dahlbäck, G, Olsen, J, Rahmqvist, S & Sporrong, U. Lingnåre utjord. Exempel på medeltida regression. Fornvännen. 1973.

Dodgshon, R A. The Ecological Basis of Highland Peasant Farming, 1500–1800 A.D. The Cultural Landscape – Past, Present and Future (Eds. Birks, Birks, Kaland & Moe). 1988a.

– West Highland Chiefdoms 1500–1745: a study in redistributive exchange. Economy and Society in Scotland and Ireland 1500–1939 (Eds. Mitchison & Roebuck). 1988b.

Duby, G. Krigare och bönder. Den europeiska ekonomins första uppsving 600–1200. 1981.

Engelmark, R & Linderholm, J. Rapport, "Kan man leva på en ödegård?" Markkemiska undersökningar vid Skavarps äng samt Vässingsstugan. Arkeologiska institutionen vid Umeå universitet. Miljöarkeologiska laboratoriet. 1993.

Ersgård, L. Gräva bytomter – i Dalarna och Uppland. META 1985:1.

– Arkeologi i senare tiders lämningar. Arkeologi i Sverige 1987.

– The Change of Religion and its Artefacts – an Example from upper Dalarna. Meddelanden från Lunds universitets historiska museum 1993–94. 1995.

– Det starka landskapet – en arkeologisk studie av Leksandsbygden i Dalarna från yngre järnålder till nyare tid (manus).

Ersgård, L & Syse, B. Gård eller by – En Dalabygd i vägen. Populär Arkeologi 1984:1.

Ersgård m fl. Arbetshypoteser och tolkningar. Från den arkeologiska undersökningen i samband med Riksväg 70, Tunsta-Leksand-Krökbacken. RAÄ (prel rapport). 1983.

Ferm, O (red). Kyrka och socken i medeltidens Sverige. Studier till det medeltida Sverige 5. 1991.

Gauffin, S. Ödesbölet Svedäng, Alsens socken. Rapport från en arkeologisk undersökning. Länsstyrelsen informerar Serie A nr 4. 1981.

– Fagmon – ett ödesböle i Jämtland. Arkeologi i fjäll, skog och bygd. 2 Järnålder–medeltid. Fornvårdaren 24. 1989.

Gissel, S, Juttikkala, S, Österberg, E, Sandnes, E & Teitsen, J. Desertation and Land Colonization in the Nordic countries c 1300–1600. 1981.

Golabiewski Lannby, M. Ödetofta offerkällor. Barnabrunnarna och deras gåvor. Smålands museums skriftserie nr 5. 1990.

Grundberg, L. Torsåkers medeltidskyrka och sockenbildningen i Ångermanland. Medeltid i Ådalen.

Styresholmsprojektet 1986–1992 (red Grundberg, L). 1992.
Gräslund, A-S. Den tidiga missionen i arkeologisk belysning – problem och synpunkter. Tor 1983–85.
– Var begravdes bygdens första kristna? Kyrka och socken i medeltidens Sverige (red Ferm, O). Studier till det medeltida Sverige 5. 1991.
– Kultkontinuitet – myt eller verklighet? Om arkeologins möjligheter att belysa problemet. Kontinuitet i kult och tro från vikingatid till medeltid (red Nilsson, B). Projektet Sveriges kristnande. Publikationer. 1. 1992.
Grongaard-Jeppesen, T. Middelalderlandsbyens Opståen. Kontinuitet og brud i den fynske agrarbebyggelse mellem yngre jernalder og tidlig middelalader. Fynske studier XI. 1981.
Gurevich, A J. Space and time in the Weltmodell among the ancient Scandinavians. Mediaeval Scandinavia 2. 1969.
– The early state in Norway. Claessen & Skalnik (eds.) The early state. 1978.
– Feodalismens uppkomst i Västeuropa. 1979.
– Wealth and gift-bestowal among the ancient Scandinavians. Historical Anthropology of the Middle Ages (ed. J Howlett). 1992. (Ursprungligen tryckt i Scandinavica, vol. 7, no. 2. 1968.)
Hannerberg, D. Svenskt agrarsamhälle under 1200 år. 1971.
Hastrup, K. Kulturelle kategorier som naturlige ressourcer. Exempler fra Islands historie. Samhälle och ekosystem – om tolkningsproblem i antropologi och arkeologi. Forskningsrådsnämnden, Rapport 1983:7.
– Island of Anthropology. Studies in past and present Iceland. The Viking Collection, Studies in Northern Civilization Vol 5. 1989.
– Nature and Policy in Iceland 1400–1800. An Anthropological Analysis of History and Mentality. 1990.
Helmfrid, S. Östergötland Västanstång. Studien über die ältere Agrarlandschaft und ihre Genese. Geografiska Annaler. 1962.
Hyenstrand, Å. Centralbygd – Randbygd. Strukturella, ekonomiska och administrativa huvudlinjer i mellansvensk yngre järnålder. Acta Universitatis Stockholmiensis. Studies in North European Archaeology 5. 1974.
Hållans, A-M. Pollista – en vikingatida gård. TOR. 1988.
"Kan man leva på en ödegård?" Det medeltida kulturlandskapet – ekologi och samhällsförändringar. Projektansökan vers 93-11-15 (RJ DNR 88/248).
Klackenberg, H. Moneta nostra. Monetarisering i medeltidens Sverige. Lund studies in medieval archaeology 10. 1992.
Larsson, L, Callmer, J & Stjernquist, B (eds). The Archaeology of the Cultural Landscape. Field Work and Research in a South Swedish Rural Region. Acta Archaeologica Lundensia Series in 4í. Ní 19. 1992.
Larsson, S & Rudebeck, E. Arkeologin och makten över meningen. META 1993:1.
Lindkvist, T. Skatter och stat i den tidiga medeltidens Sverige. Medeltidens födelse (red A Andrén). Symposier på Krapperups borg 1. 1989.
– Plundring, skatter och den feodala statens framväxt. Organisatoriska tendenser i Sverige under övergången från vikingatid till tidig medeltid. Opuscula Historica Upsaliensia 1. 1990.
– Kollektiv eller territoriell indelning. Socknen som profan gemenskapsform i Sveriges medeltida lagar. Kyrka och socken i medeltidens Sverige (red Ferm, O). Studier till det medeltida Sverige 5. 1991.
Lindkvist, T & Ågren, K. Sveriges medeltid. 1985.
Löfgren, A. Tuna by på Ven. Arkeologi i Sverige Nr 3. 1994.

Magnusson, G. Lågteknisk järnhantering i Jämtlands län. Jernkontorets Bergshistoriska Skriftserie N:r 22. 1986.
Mandahl, A. Variationer i tidigmedeltida lantbebyggelse. Medeltiden och arkeologin. Festskrift till Erik Cinthio. Lund Studies in Medieval Archaeology 1. 1986.
Mogren, M. Maktens landskap i det medeltida Hälsingland. Bebyggelsehistorisk tidskrift 27. 1994 (in press).
Mogren, M & Svenssson, K. Bondeplågarens borg. Om och kring undersökningen av fogdefästet Borganäs i Dalarna. 1988.
Mogren, M & Svenssson, K. The Landscape of Power in a Medieval Area. Rescue and Research. Reflections of Society in Sweden 700–1700 A.D. Riksantikvarieämbetet, Arkeologiska undersökningar, Skrifter No 2. 1992.
Montelius, S. Leksands fäbodar. Leksands sockenbeskrivning del VII. 1975.
Myrdal, J (red). Vardagsliv i en medeltida bondby. Fynd från Västannortjärn i Leksand, Dalarna. 1984.
– Medeltidens åkerbruk. Agrarteknik i Sverige ca 1000 till 1520. Nordiska museets Handlingar 105. 1985.
Myrdal, J & Söderberg, J. Kontinuitetens dynamik. Agrar ekonomi i 1500-talets Sverige. 1991.
Nilsson, B (red). Kontinuitet i kult och tro från vikingatid till medeltid. Projektet Sveriges kristnande. Publikationer. 1. 1992.
Olausson, M. Kyrklägdan i Ås. Arkeologisk undersökning av en boplats från folkvandringstid till medeltid. Kulturhistorisk utredning 31, Jämtlands läns museum. 1985.
– Kyrklägdan – en tusenårig gårdshistoria. Arkeologi i fjäll, skog och bygd. 2 Järnålder–medeltid. Fornvårdaren 24. 1989.
Porsmose, E. De fynske landsbyers historie – i dyrkningsfaelleskabets tid. Odense University Studies in History and Social Sciences, Vol. 109. 1987.
Påhlsson, I. Västannortjärn – en pollenanalytisk undersökning med arkeologisk bakgrundsbeskrivning. Riksantikvarieämbetet och Statens historiska museer. Rapport RAÄ 1981:6.
Ramqvist, P. Den arkeologiska undersökningen i Gene, norra Ångermanland. Bebyggelsehistorisk tidskrift nr 1. 1981.
– Gene. On the origin, function and development of sedentary Ironage settlement. Archaeology and environment 1. Diss. 1983.
– Bebyggelsekontinuitet i norra Ångermanland. Preliminära resultat från de arkeologiska undersökningarna på Arnäsbacken 1987–1990. Arkeologi i nolaskogs. Fornlämningar, fynd och forskning i norra Ångermanland. Edblom, L & Grundberg, L (red). Skrifter från Örnsköldsviks Museum nr 3. 1992.
Randsborg, K. The Viking Age in Denmark. The Formation of a State. 1980.
Ranheden, H. Barknåre. Human Impact and Vegetational Development in an Area of Subrecent Land Uplift. Striae. 1989.
Renting, A. Sold because of dept. Ymer. 1986.
Salvesen, H. Jord i Jemtland. Bosetningshistoriske og konomiske studier i grenseland ca. 1200–1650. Det Nordiske ødegårdsprojekt Publikasjon Nr. 5. 1979.
Sandnes, J & Salvesen, H. Ödegårdstid i Norge. Det nordiske ödegårdsprojekts norske undersökelser. Det nordiske ödegårdsprojekt publ. 4. 1978.
Sawyer, B & P. Medieval Scandinavia. From Conversion to Reformation circa 800–1500. The Nordic Series, Volume 17. 1993.
Sawyer, P. När Sverige blev Sverige. Occasional Papers on Medieval Topics 5. 1991.
Serning, I. Lapska offerplatsfynd från järnålder och medeltid i de svenska lappmarkerna. Nor-

diska museet: Acta Lapponica. XI. 1956.
Skansjö, S. Söderslätt genom 600 år. Bebyggelse och odling under äldre historisk tid. Skånsk senmedeltid och renässans 11. 1983.
Sporrong, U. Kulturlandskapsprojekt Uppland. Luleälvssymposiet 1–3 juni 1981 (red Baudou, E & Nejanti, M). Skrifter från Luleälvsprojektet 1. 1981.
– Individen, samhället och kulturlandskapet. Rapporter från Barknåreprojektet 1. Individen, samhället och kulturlandskapet. Symposium i Stockholm 7–9 juni 1982. Kulturgeografiskt Seminarium 1983:1. 1983.
– Kulturlandskapet. Människa – landskap – förändring. Kulturlandskapsstudier med teoretiska utgångspunkter. Kulturgeografiskt Seminarium 1983:2. 1983.
– Mälarbygd. Agrar bebyggelse och odling ur ett historisk-geografiskt perspektiv. Meddelanden serie B 61, Kulturgeografiska institutionen Stockholms universitet. 1985.
– Om storskiftet och det föregående äldre tegskiftet i Öster- och Västerdalarna. Bebyggelsehistorisk Tidskrift nr 13, 1987.
– Om bakgrunden till ägosplittringen i övre Dalarna. Mänsklighet genom millenier. En vänbok till Åke Hyenstrand. 1989.
– Landsbygden som forskningsobjekt. Metoder och synsätt för studiet av historiska landskap. META 1990:1–2.
Stridsberg, E. Hemmanet Gunnarsbo – ett exempel på kolonisering av en gränsbygd. Internrapport för Barknåreprojektet oktober 1982. 1982.
– Omställningen i Barknårebygdens näringsliv genom Lövsta bruks tillkomst. Internrapport för Barknåreprojektet 1982. 1982.
– Om gränsläggning mellan byar och gårdar under 1700-talet. Fallstudie från Norra Uppland. Bebyggelsehistorisk Tidskrift 13. 1987.
Ström, F. Nordisk hedendom. Tro och sed i förkristen tid. 1985.
Tusen år på Kyrkudden. Leksands kyrka, arkeologi och byggnadshistoria, utgiven av Leksands församling. Dalarnas fornminnes och hembygdsförbunds skrifter 25. 1982.
Svensson, E. Erämarkskultur i norra Värmland. META 1991:2.
Söderberg, B. Bytomtsarkeologi i Skåne – några exempel från UV Syds arbetsområde. Arkeologi i Sverige Nr 3. 1994.
– Kungens Gårdstånga – från Odin till adel. Arkeologi i Sverige Nr 3. 1994.
Welinder, S. Människor och landskap. Aun 15. Societas Archaeologica Upsaliensis. 1992.
– Miljö, kultur och kulturmiljö. 1993.
Windelhed, B. Varför förändras kulturlandskapet i Barknåre? Rapporter från Barknåreprojektet 1. Kulturgeografiskt Seminarium 1983:1. 1983.
Windelhed, B. Barknåre. En by i en mångvetenskaplig analys av förändringar i kulturlandskapet. Bebyggelsers og bebyggelsenavnes alder. NORNA-rapporter 26. 1984.
Åqvist, C. Pollista and Sanda – two Thousand-year-old Settlements in the Mälaren region. Rescue and Research. Reflections of Society in Sweden 700–1700 A.D. Riksantikvarieämbetet, Arkeologiska undersökningar, Skrifter No 2. 1992.
Österberg, E. Kolonisation och kriser. Bebyggelse, skattetryck, odling och agrarstruktur i västra Värmland ca 1300–1600. Det nordiska ödegårdsprojektet, publ. 3. Bibliotheca historica lundensis XLIII. 1977.
– Folklig mentalitet och statlig makt. Perspektiv på 1500- och 1600- talens Sverige. Scandia 1992:1.
Östergren, M. Mellan stengrund och stenhus. Gotlands vikingatida silverskatter som boplatsindikation. Theses and Papers in Archaeology 2. 1989.

Bilaga

Undersökningar 1955–1992

LANDSKAP	SOCKEN	PLATS	RAÄ NR	INSTITUTION	GRÄVNINGSLEDARE	UNDERS ÅR	EXPLOATERAT	UNDERSÖKN-TYP	UNDERSÖKN-ART	UNDERSÖKT YTA	FYND	DATERING	BESKRIVNING	ANM
BLE	MJÄLLBY	HOSABY 1:33		UV SYD	LEIFH STENHOLM	1984	ev NYBYGGNATION	FU	EXPL	150 LÖPM	-	FÖRHIST TID	Enl ortnamnsforskare ansluter namnet "Hosaby" till gruppen av husabyar, som under medeltid tillhörde kungamakten eller biskopen. Undersökningsområdet omfattade 5 500 m² över vilket lades fyra 3 m breda schakt. Två härdar, nedgrävningar samt stolphål framkom. Inga daterade fynd påträffades.	
BO	BRO	HALLIND 5:3		BOHUSLÄNS MUSEUM	OSCAR ORTMAN	1991	NYBYGGNATION	AU	EXPL		-	-	Utredningen föranleddes av misstankar om förekomsten av en äldre gårdstomt strax norr om en äldre gård. Det finns uppgifter om gården i kartmaterial från 1690-talet. Vid utredningstillfället kunde inga spår av en äldre gårdstomt iakttagas.	
BO	HOGDAL	HOGDALSVINESUND		UV VÄST	E SCHALLER ÅHRBERG	1992	VÄGBYGGE E6	AU	EXPL			-	Bl a skall förundersökning förordas för Gåshult 1:4 mfl. Det är en gårdstomt för den medeltida ödegården Torpom (nämnd 1391). Platsen delvis bebyggd idag.	
BO	NAVERSTAD	BERG 1:4 MFL	-	BOHUSLÄNS MUSEUM	M KARLSSON LÖNN	1992	VÄGBYGGE	AU	EXPL		-	-	Bl a berördes en by/gårdstomt (fornl 384).	
BO	BJÖRLANDA			GÖTEBORGS ARK MUSEUM	-	1975	INDUSTRIBYGGNATION	FU	EXPL		-	-	En mer omfattande fosfatkartering och provgrävning inom ett stort område med gamla byplatser, stenhägnader, varvid flera boplatser påträffats.	
BO	BÄVE	SIGELHULT 1:2 MFL	96 MFL	UV VÄST	LILLEMOR SCHUTZLER	1984	UTVIDG AV KYRKOGÅRD	FU	EXPL		FLINTA, BR LERA, BII:4	STÅ	Ett av tre områden utgjordes av området runt Sigelhults gård. Här kunde finnas lämningar efter äldre bebyggelse, kanske med anor ned i förhistorien. Varken kulturlager eller konstruktioner påträffades endast en skärva yngre rödgods, bränd lera samt slagen flinta. Ett av områdena gav stenålder.	STG 2254
BO	LUNDBY MFL	BACKA 866:165 MFL		GÖTEBORGS ARK MUSEUM	ULF RAGNESTEN	1988	GASLEDNING	FU	EXPL		-	STÅ, JÄÅ, HIST TID	Ledningssträckan passerade bl a en järnåldersboplats och en byplats från historisk tid.	
BO	STALA		16 MFL	UV VÄST	BENGT NORDQVIST	1988	VÄGBYGGE	FU	EXPL		MEDELTIDA KERAMIK	STÅ NYARE TID	Förundersökningen berörde 41 områden. Efter förundersökningens slut betecknades 14 områden som intressanta.	
BO	JÖRLANDA	JÖRLANDA-BERG 1:66	221	UV VÄST	VIKTOR SVEDBERG	1991	NYBYGGNATION	FU	EXPL		-	YJÄÅ?, 16-1700-TAL	På området ligger en "medeltida" bytomt (fornl 221) som utgjordes av tre gårdar. Byn är tidigast omnämnd 1544. Vid förundersökningen framkom inga äldre lämningar där två av gårdarna (bebodda in i 1900-tal) legat men på platsen för den tredje gården framkom fragmentariska stenpackningar och stenläggningar. Även spår av förhistorisk aktivitet förekom.	FLER FASTIGH INBEGR
BO	HOGDAL	HOGDAL-SVINESUND	428 MFL	UV VÄST	E SCHALLER ÅHRBERG	1992	VÄGBYGGE E6	FU	EXPL			-	Bl a undersöktes två gårdstomter (fornl 380,423). Den svårfångade medeltida bebyggelsen på landsbygden är kanske något närmare sin dokumentation, men i det stora hela blev förundersökningen något av en besvikelse. En förstärkt indiciekedja kan dock konstateras: littarära källor, fosfatkartering, enstaka fynd av "förhistorisk " keramik, anläggningar och skikt med kol och skörbränd sten.	

LANDSKAP	SOCKEN	PLATS	RAÄ NR	INSTITUTION	GRÄVNINGSLEDARE	UNDERS ÅR	EXPLOATERAT	UNDERSÖKNTYP	UNDERSÖKNART	UNDERSÖKT YTA	FYND	DATERING	BESKRIVNING	ANM
BO	HÅBY MFL		-	BOHUSLÄNS MUSEUM	M KARLSSON LÖNN	1992	VÄGBYGGE	FU	EXPL		-	-	På Humlekärr (1:3,2:1) i Kville sn (gårdstomt), Rom 1:8 mfl i Svarteborg sn (bytomt), Torp 1:7 i Svarteborg sn (gårdstomt), Tegen 1:7 mfl i Kville sn (gårdstomt) gjordes för- och slutundersökning.	
BO	YTTERBY	STÄLLET 1:3 MFL	134, 176	UV VÄST	V SVEDBERG	1992	NYBYGGNATION	FU	EXPL		-	STÅ	En utredning och förundersökning genomfördes. Bl a förundersöktes den övergivna gårdstomten fornlämning 176, efter gården Stället som är omtalad redan 1659. På gårdstomten finns synliga lämningar. Vid förundersökningen framkom endast en stenläggning. Resultatet tyder på att där inte har funnits någon äldre bebyggelse än den som rivits på 1900-talet.	
BO	BJÖRLANDA	SKÄGGERED 1:2	12:S 151:	GAM	-	1969	INDUSTRIBEBYGGELSE	UN	EXPL		JÄRNNITAR, GLASERAD KERAMIK M M	MEDELTID	Undersökningen omfattade ett boplatsområde med ca 300 mörkfärgningar och stolphål i moränytan. Dessa tillhör i huvudsak en medeltida bosättning.	
BO	NORUM	INLAG 1:1	179	UV VÄST	EVA OLSSON	1979	-	UN	EXPL		FÖRH OCH MED KERAMIK	BRÅ-JÄÅ, MEDELTID	På en sydsluttning av en liten platå undersöktes en boplats. Här framkom bl a en oregelbunden stenpackning som låg i ett brunsvart kultur(?)lager. Större delen av den förhistoriska keramiken, och även den medeltida, kom i stenpackningens kanter.	
BO	NORUM	HAMMAR	210	UV VÄST	SCHALLER ÅHRBERG MFL	1987	VÄG E6	UN	EXPL		GLAS, KERAMIK M M	STÅ, ÄJÄÅ, 16-1800	En jordtäckt bergshöjd ca 1 km öster om Norums kyrka. Gården Hammar har tidigare legat mitt uppe på kullen. Gården är tidigast omnämnd 1568, men kan vara äldre. Enl den äldsta kartan har gården legat uppe på kullen åtminstone från slutet av 1600-tal. Lämningar av 2-3 hus, en stenlagd väg, en stenlagd gårdsplan samt två brunnar överensstämmer med kartmaterialet från 1600- och 1800-talet. Detta överlagrar kulturlager och anläggningar från järnålder.	
BO	NORUM	MUNKERÖD 1:9	217	UV VÄST	GUNDELA LINDMAN	1990	INDUSTRIOMRÅDE	UN	EXPL		PORSLIN, KERAMIK M M	-	Bl a undersöktes de överplöjda resterna av en del av den enl äldsta kartan, ursprungliga gårdstomten till Munkeröd. Fynden tyder på en sen datering; 17-1800-tal. Till samma period kunde också ett stolphål dateras.	
BO	ÖCKERÖ	SÖÖ 1:139	52	UV VÄST	VIKTOR SVEDBERG	1992	VÄGBYGGE	UN	EXPL		DJURBEN, KNIV, JÄRNFRAG	TROL 13-1600-TAL	Vid undersökningen framkom, efter röjning av vegetationen, ca 15 tomtningar och mellanliggande röjda ytor. Fyllningen i tomtningarna har i några fall utgjorts av klappersten, och i de flesta fall av stenig morän. Vid undersökningen har 13 anläggningar grävts ut helt eller delvis. Dessutom har provytor grävts på de mellanliggande röjda ytorna.	
DA	STORA TUNA	NORR ROMME 7:57 MFL	298, 320	DALARNAS MUSEUM	MARIA JACOBSSON	1989	INDUSTRIBYGGNATION	AU	EXPL		TEGEL, KRITPIPSHUVUD M M	-	En arkeologisk utredning gjordes. Fornl 298,320 utgörs av en fyndplats och en slaggförekomst. Dessutom framkom i äldre kartmaterial att bytomten från 1600-talet delvis ingick i planområdet. Det grävdes 14 schakt. Endast enstaka fynd framkom.	

LANDSKAP	SOCKEN	PLATS	RAÄ NR	INSTITUTION	GRÄVNINGSLEDARE	UNDERS ÅR	EXPLOATERAT	UNDERSÖKN-TYP	UNDERSÖKN-ART	UNDERSÖKT YTA	FYND	DATERING	BESKRIVNING	ANM
DA		BORLÄNGE STG7713		DALARNAS MUSEUM	FREDRIK SANDBERG	1988	NYBYGGNATION	FU	EXPL		-	VIK-TID MEDELTID	Förundersökningen genomfördes på grund av tidigare observationer av en förut okänd ruin samt skörbränd sten i ett sotlager. Över området lades långa schakt med 15 m mellanrum. Där äldre anläggningar påträffades förtätades schakten. Sammanlagt 37 anläggningar framkom (svårt sönderplöjda). I den södra delen av området framkom en källargrop. Området ligger nära Hönsarvets byromt med anor från 1645.	FLER FASTIGH INBEGR
DA		SÄTER STG 517		ARKEOMETALL INST	LARS AMREUS	1988	GOLFBANA	FU	EXPL		SPISLAGG	MEDELTID-NYARE TID	Området var beläget i närheten av gruv- och hyttlämningar samt medeltida bebyggelselämningar. En källargrop framkom i åkermark i anslutning till de sedan tidigare kända medeltida bebyggelselämningarna.	
DA	STORA TUNA	BORLÄNGE STAD 9246		DALARNAS MUSEUM	GUNNAR SUNDELIN	1989	KRAFTSTATION	FU	EXPL		KERAMIK, KRITPIPSFRAG M M	NYARE TID FÖRE 1850	Exploateringsområdet som från 1600-talet (ev medeltid) till 1800-talet varit platsen för Övre Medväga gamla bytomt, består nu av hagmark. Totalt 16 schakt maskingrävdes. Större ytor togs upp där anläggningar påträffades. Konstruktioner som framkom var: en stenkällare, två syllstenshus samt en husgrundsterass.	FLER FASTIGH INBEGR
DA	SÖDERBÄRKE	BILLSJÖN	160	DALARNAS MUSEUM/ AMI	OLA NILSSON	1989		FU	EXPL?		KERAMIK, GLAS, MYNT M M	1600-1800-TAL	Den nordvästra delen av Viks gamla tomt berördes. Det äldsta belägget för Vik härrör från år 1400. Inom undersökningsytan fanns husgrunder och en äldre vägbank. Inom den förundersökta ytan påträffades grunder som kan hänföras till tre gårdsgrupper. Dessa sammanfaller i stort sett med de avgränsningar som finns på 1823 års karta. Fyndmaterialet antyder att den SÖ delen av gårdsgrupperna kan vara äldre.	
DA	FALU STAD	GAMLA BERGET	72	DALARNAS MUSEUM	FREDRIK SANDBERG	1990	NYBYGGNATION	FU	EXPL	240 LÖPM	-	NYARE TID	I området för en äldre gårdsbebyggelse påträffades äldre kulturlager. Sammanlagt 23 schakt upptogs. Två mindre ytor handgrävdes lagermässigt för att utröna dess karaktär och ålder. De utgjordes av avsatta och påförda lager från 1600-tal fram till 1700-tal. I botten låg ett sotigt och föremålsfritt lager, som tolkades som en anläggningsyta för gårdsbebyggelsen.	
DA	LEKSAND	VÄSTANNOR 9:1		UV	K-H LANDSTRÖM	1975-78	MUDDRING	UN	EXPL		BRAKTEAT, MYNT, TRÄFÖREM M M	1100-1300-TAL	Kring Västannorstjärn utfördes muddringsarbeten. På höjderna runt tjärnen ligger Västannors by. Bottnen närmast strandkanten muddrades samt en 4-5 m bred remsa av strandkanten. Här framkom ett kulturlager som var upp till 1 m tjockt och med en utbredning av 500 m^2 eller mer. Bebyggelselämningar i form av stophål och nedgrävningar har påträffats. Ett rikt fyndmaterial framkom.	

LAND-SKAP	SOCKEN	PLATS	RAÄ NR	INSTITU-TION	GRÄV-NINGS-LEDARE	UN-DERS ÅR	EXPLOA-TERAT	UNDER-SÖKN-TYP	UNDER-SÖKN-ART	UNDER-SÖKT YTA	FYND	DATE-RING	BESKRIVNING	ANM
DA	GAGNEF	DJURMO 1:11		DALAR-NAS MU-SEUM	K-H LAND-STRÖM	1982	NYBYGG-NATION	UN	EXPL		KERAMIK, GLASE-RAT RÖD-GODS M M	TROLI-GEN 1600-TAL	Två nyupptäckta källargropar föranledde en totalundersökning. Lämningen utgörs av en gårdsplats under matjordstäcket. Det enda som fanns kvar efter gården var de två källargroparna. Gården har intresse i ett större sammanhang - byplaceringen och byflyttningen utmed Dalälven. De medeltida gårdsplatserna låg nere vid älven. Sedan har byarna successivt flyttats upp från sedimentjordarna till skogsbrynet.	
DA	LEKSAND	TUNSTA-LEKSAND		UV MITT	LARS ERS-GÅRD MFL	1983	VÄG, RIKSVÄG 70	UN	EXPL		KERAMIK, VÄV-TYNGD M M	VIK, 15-1700-TAL	Under 1983 undersöktes 13 platser längs vägsträckan. Kulturlager påträffades som regel inte, utan lämningarna utgjordes av kon-struktioner i den sterila marken. Fornlämningstyperna utgjordes av gårdslämningar fr senmedeltid och vikingatid, gravfält, åker- och hägnadssystem m m. På de flesta platserna fanns gårdslämningar från senmedeltid och 16-1700-tal. Keramik och mynt från 15-1700-tal. Källargropar var vanligt förekommande.	
DA	LEKSAND	LEK-SAND-KRÖK-BACKEN		UV MITT	HJÄRTH-NER-HOL-DAR MFL	1984	RIKSVÄG 70	UN	EXPL		MYNT SLAGG M M	1500-TAL, 1800-TAL	En forts från 1983. Bytomten var belägen i utkanten av Lima by. I äldre tid har byn haft ett annat centrum på åsryggen. Under 1800-talet övergavs här flera gårdar eller flyttades till ett läge närmare skog-en. Åsryggen utgjorde enl karta 1819 byns södra del. Området var kraftigt stört. Här framkom en källare, två brunnar, smideshärdar som härrör från senaste bebygg-elsen. Fynden var från 1800-tal. Endast ett mynt dateras 1500-tal.	
DA	LEKSAND	LEKSAND	152	ARKEO-METALL INST	OLA NILS-SON	1985	AV-LOPPSLE DNING	UN	EXPL		-	VIK-ÄL MEDEL-TID	Gårdsenhet med fem husgrunder, en slagghög, ev ugnsrest (fornl 152), gropar, eldstäder, hägnader. Slaggtypen och fynden dateras till vik-äldre medeltid.	
DALS	GESTAD	LÖVÅS-MUR-ÄNGEN	10	ÄLVS-BORGS LÄNS-MUS	RUNE EK-RE	1988		FU	FORSK		SÖLJOR, BULTLÅS-NYCKEL, KERAMIK	1200-T	Provgrävningarna omfattade dels fortsättning av ett par tidigare på-började schakt, dels upptagning av fem nya schakt. Ett av dessa berör-de en starkt lerbemängd kulle som visade sig vara resterna av en stor härdanläggning tämligen centralt i ett tidigare konstaterat bostadshus. I anslutning framkom flera medel-tida fynd. Yttelrigare en byggnad påträffades. Även förmedeltida keramik framkom.	
DALS	HOLM	HASSLE 1:27	94	UV VÄST	LARS LUND-QVIST	1990	SKROTUP PLAG	FU	EXPL		-	-	På platsen låg Hassle, en gård med kända anor tillbaks till 1540-49. Då omnämns gården som kyrko-hemman. Provundersökningen berörde själva gårdsplatsen. Anmärkningsvärt var att inga fynd äldre än år 1900 påträffades. Möjligen kan en husgrund vara äldre. Det enda som framkom var ett skärvstenslager som C14-daterades.	

LANDSKAP	SOCKEN	PLATS	RAÄ NR	INSTITUTION	GRÄVNINGSLEDARE	UNDERS ÅR	EXPLOATERAT	UNDERSÖKNTYP	UNDERSÖKNART	UNDERSÖKT YTA	FYND	DATERING	BESKRIVNING	ANM
GO	EKSTA	BJÄRGES 1:5		RAGU	W FALCK	1973	OMLÄGGNINGSARBETE	AK	EXPL		PASSGLAS M M	VIK-NYARE TID	En antikvarisk kontroll föranledd av murrester som påträffats vid omläggningsarbeten. I anslutning till murresterna, vilka ej är yngre än medeltid, framkom vidsträckta kulturlager. Ur dessa tillvaratogs lösa föremål från vikingatid till nyare tid, indikerade en långvarig bosättning.	
GO	GOTHEM	PRÄSTGÅRDEN		RAGU	N-G NYDOLF	1986	RÖRSCHAKT	AK	EXPL		BII:4, KRITPIPSSKAFT	-	Antikvarisk kontroll av ett 1200 m långt schakt. Gothems prästgård är av medeltida ursprung. Medeltida murverk finns kvar i källaren. Den företagna schaktningen passerade platsen för en lada, byggd 1763. Av denna fanns inga spår. Några andra konstruktioner eller kulturlager påträffades inte.	
GO	BRO	DUSS 1:3		RAGU	MONICA WENNERSTEN	1990	JORDAVBANING	AK	EXPL	4 M2	TEGEL, KAKELUGNSFRAGMENT M M	NYARE TID	Framför mangårdsbyggnaden på fastigheten Duss utfördes en schaktningsövervakning och en efterundersökning. Under den nuvarande byggnaden finns rester av medeltida bebyggelse och i området finns andra kända fornlämningar. En 2x2 m stor provruta togs upp. Endast ett recent avfallslager framkom. Inga medeltida kulturlager påträffades.	
GO	LUMMELUNDA	BURGE		GOTLANDS FORNSAL	ERIK NYLEN	1969	NYODLING	FU	EXPL		SPÄNNEN, NÅLAR, NITAR M M	VIK-MEDELTID	Vid nyodling påträffades 1967 ett större skattfynd på platsen. Då det kunde förmodas att denna var nedlagd i en boplats gjordes en provundersökning. Detta visade att på platsen finns ett stensatt gatusystem samt ett antal husgrunder.	
GO	LÄRBRO	L KÄLLSTÄDE 1:4		GOTLANDS FORNSAL	ERIK NYLEN	1970		FU	FORSK		STENGODS, JÄRNFÖREMÅL M M	VIK-MEDELTID	Intill några svärdslipningsrännor vid den sk Gaunts klint gjordes ett provschakt. Det framkom en boplats med slagglager och husrester. Det ena boplatslagret var vikingatida (C-14). Det innehöll stora mängder slagg efter järnbronstillverkning och ev smide. Det medeltida lagret bestod av husrester, en stensatt brunn och en stenlagd väg. Intill hustresterna framkom stengods (1500-tal).	
GO	VÄSTERGARN	LAURITSE 1:88		RAGU	MAGNUS ELFWENDAHL	1982		FU	EXPL?		STENGODS, JÄRNFRAGMENT M M	12-1400-TAL	Provundersökningen syftade till att klarlägga platsen för ett grophus, som misstänks finnas på platsen. Grophuset framkom 1964. En lokalisering av grophusets läge skulle bidra till att klargöra vissa frågeställningar inför förestående undersökning 1982-83. Fyra gropar upptogs. Ett 0,2-0,25 m tjockt kulturlager framkom.	
GO	ÖJA	BOBBENARVE 1:114	95	RAGU	PETER MANNEKE	1992	NYBYGGNATION	FU	EXPL	400 m²	-	-	En förundersökning/antikvarisk kontroll i form av en schaktningsövervakning. Förundersökningen var föranledd av närheten till en äldre gårdstomt (95). Platsen består av odlad mark. I schaktets södra del framkom 6 fyllda gropar. Inga skoningsstenar eller artefakter påträffades.	

LANDSKAP	SOCKEN	PLATS	RAÄ NR	INSTITUTION	GRÄVNINGSLEDARE	UNDERS ÅR	EXPLOATERAT	UNDERSÖKN-TYP	UNDERSÖKN-ART	UNDERSÖKT YTA	FYND	DATERING	BESKRIVNING	ANM
GO	VISBY STAD	BINGEBYOMRÅDET		GOTLANDS FORNSAL	ERIK NYLEN MFL	1968-69	MARKEXPLOATERING	UN	EXPL		KERAMIK, MYNT, KAMMAR,VAPEN M M	MED-1250-1350	På det ca 15000 m² stora fornlämningsområdet har undersökningar pågått sedan 1966. Områdets södra del består av ett gravfält, huvudsakligen från romersk jää. Den norra delen upptas av ett medeltida gårdskomplex med huvudbyggnad, uthus och två brunnsanläggningar. Undersökningarna kommer att slutföras under 1969. Framgår ej om de redovisade fynden kommer från gravfältet eller boplatsen.	
GO	LÄRBRO	L KÄLLSTÄDE 1:4	122	RAGU	S ENGQUIST MFL	1969-72		UN	FORSK		NYCKEL, KERAMIK, KAM M M	-	Undersökningen påbörjades 1969 och pågick till 1972. Två husgrunder, en stensatt brunn, en stensatt vägg, sotfärgade lager med skörbränd sten och slaggkoncentrationer har påträffats. Dateringen är oviss (nyckel är daterad till medeltid).	
GO	LUMMELUNDA	BURGE 1:10		GOTLANDS FORNSAL	ERIK NYLEN MFL	1970-78	-	UN	FORSK		MYNT, BULTLÅS, KAMMAR M M	VIK-MEDELTID	Vid Burge undersöktes lämningarna efter en by eller gårdsanläggning. Vid efterundersökning 1967 på platsen för en silverskatt framkom boplatslämningar. År 1970 påbörjades undersökningen av ett av husen samt en del av en angränsande väg.	
GO	FOLE	STORA SOJDEBY 2:2	81	RAGU	FALCK MFL	1976-77		UN	FORSK		KERAMIK	MEDELTID, EV TID MED	Led i projektet "Den medeltida bebyggelsen på Gotlands landsbygd". En del av en medeltida bondgård undersöktes. Undersökningen av bostadsdelen är påbörjad med de djupast belägna lagren har ännu ej nåtts. Eftermedeltida föremål visar att bostadsdelen utnyttjats in i nyarae tid. Sökschakt har även upptagits utanför bostadsdelen. Enst medeltida stengodsskärvor framkom.	
GO	ALA	STENSTUGU1:2	97	STHLM UNI KULTURGEO	DAN CARLSSON	1977, 1985		UN	FORSK		KERAMIK, MYNT, SMYCKEN M M	VEND-1300-TAL	Inom ramen för ett avhandlingsarbete rörande järnålderns agrarsamhälle på Gotland undersöktes en del av en nyupptäckt boplats samt en gravanläggning. Grävningarna inriktades på att spåra den medeltida gårdens ursprung. Inom området grävdes sex huslämningar bestående dels av stophål, dels av stenfot. Grävningarna visade att en gård (Fjäle) existerat från vendeltid fram i åtminstone 1300-talet.	FJÄLE
GO	HELLVI	HELLVI ANNEX 1	90	RAGU	GUN ANDERSSON	1978		UN	FORSK		MYNT, KERAMIK M M	13-1500-TAL	En medeltida prästgårdsruin har undersökts med anledning av friläggning av murarna inför en murkonservering. Ruinen kan dateras och de olika rummens funktion kan till viss del bestämmas.	
GO	VÄSTERGARN	SNAUVALD 1:5		RAGU	ERIC SWANSTRÖM	1986	AVLOPP/ BRUNN	UN	EXPL		SVARTGODS, JÄRNSLAGG, BEN M M	MEDELTID	Vid schaktningsarbeten omedelbart norr om fastighetens huvudbyggnad framkom kulturlager med inslag av mänsklig aktivitet. Kulturlagret var 0,2-0,3 m tjockt. Sedan dessa iakktagelser gjorts avbröts schaktningen.	
GO	VÄSTERGARN	SNAUVALDS 1:5 MFL	50	RAGU	CHRISTIAN RUNEBY MFL	1989	LEDNINGSDRAGNINGAR	UN	EXPL		KERAMIK, KAMMAR, BEN M M	VIK,1100-1300-TAL	Undersökningsområdet var beläget centralt inom Västergarnsvallen och berörde även fornl 50, ett medeltida kulturlager, som sträcker sig ung från Västergarns kyrka och ca 250 m åt SV.	

LANDSKAP	SOCKEN	PLATS	RAÄ NR	INSTITUTION	GRÄVNINGSLEDARE	UNDERS ÅR	EXPLOATERAT	UNDERSÖKNTYP	UNDERSÖKNART	UNDERSÖKT YTA	FYND	DATERING	BESKRIVNING	ANM
GO	BOGE	MOJNER 1:67	96	RAGU	M WENNERSTEN MFL	1991	NYBYGGNATION	UN	EXPL		KERAMIK, KAMMAR M M	VIK, TIDIG-, HÖGMEDELT	Gården Mojner ligger direkt norr om Boge kyrka och ca 500 m innanför Bogevikens nuvarande strandlinje. I området finns kända kulturlager från sen järnålder och medeltid. På exploateringsytan fanns en reg fornlämning (96) som bl a omfattade tre oregelbundna förhöjningar. Provschakt och -rutor grävdes för hand inom ett ca 15x55 m stort område. Här framkom medeltida kulturlager, murrester m m.	
GO	FOLE	PRÄSTGÅRDEN		GOTLANDS FORNSAL	ERIK NYLEN	1969	NYBYGGNATION	UN?	EXPL		KERAMIK, GJUTFORMAR	VIK-MEDELTID	Vid kontrollundersökning av en boplats påträffades ca 20 spridda verkstadsplatsrester, härdar och stolphål.	
GÄ	VALBO	GAMLA VALL	175	UV MITT	BENGT ELFSTRAND MFL	1983	VÄGBYGGE	FU	EXPL	76 LÖPM	SPJUTSPETS, KRITPIPOR M M	VIK, 16-1800-TAL	En provundersökning på Gamla Valls bytomt i syfte att avgränsa fornlämningen. En sträcka med en bredd varierande mellan 16-24 m undersöktes. I områdets södra del påträffades bytomten med en kulturlagertjocklek, som varierade mellan 0,3-0,7 m. Tre husgrunder påträffades. Dateringen är oklar, dock äldre än 1845. Möjligen kan "parstugan" dateras till 1600-tal, de två övriga kan vara äldre.	
GÄ	GÄVLE	SÄTRA	2	UV MITT	ÅSA SVEDBERG	1981	VÄG E4	UN	EXPL		SPIKAR, NITAR, KNIVAR M M	TROL VIKTIDIG MED	Undersökningen omfattade en järnframställningsplats belägen på Sätraåsen nedanför ett gravfält. Sätra by har in i sen tid sträckt sig över exploateringsområdet. Här framkom ett fragmentarisk kulturlager, gropbottnar efter järnframställning och smide, stolphål till fyra hus, varav ett långhus, schaktugnar m m.	
GÄ	VALBO	GAMLA VALL	175	UV MITT	TOMAS JACOBSON	1983	TRAFIKPLATS	UN	EXPL		-	ÄLDRE ÄN 1845	En delundersökning utfördes i norra delen av fornl 175. Det vid provundersökningen framkomna åkersystemet dokumenterades.	
GÄ	VALBO	GAMLA VALL	175	UV MITT	ANDERS BROBERG	1984	VÄG, TRAFIKPLATS	UN	EXPL		MYNT, BOKBESLAG, BII:1,CII M M	MEDELTID	Undersökning vid Valbo by. Ett flertal husgrunder fr 15-1600-tal samt minst tre medeltida byggnader med ett kulturlager framkom. I botten på det medeltida kulturlagret (1200-tal) framkom spår av järnframställning och smide.	
HA	GETINGE MFL			UV VÄST	K CARLSSON MFL	1984	VÄSTGAS 2	AU	EXPL		-	-	Arkiv- och kartstudier samt en genomgång av det arkeologiska källäget utefter ledningssträckningen. Registrerade fornlämningar har ritats in på kartor tillsammans med områden som innehåller ej registrerade medeltida bebyggelse. Bakgrundsideer för fortsatt fältarbete skisseras.	
HA	GETINGE MFL	GETINGE		HALLANDS LÄNSMUSEER	LENA BJUGGNER	1986	JÄRNVÄG	AU	EXPL		-	-	En inventering och kart- och arkivstudier av ett område väster om Getinge samhälle. Utredningen visade att järnvägen passerar i närheten av Rävinge kyrka av medeltida ursprung samt andra sannolika lägen för medeltida bytomter som Fostorp och Öringe.	

LAND-SKAP	SOCKEN	PLATS	RAÄ NR	INSTITU-TION	GRÄV-NINGS-LEDARE	UN-DERS ÅR	EXPLOA-TERAT	UNDER-SÖKN-TYP	UNDER-SÖKN-ART	UNDER-SÖKT YTA	FYND	DATE-RING	BESKRIVNING	ANM
HA	GETINGE	GE-TINGE--HYLTE-BRUK		HAL-LANDS LÄNSMU-SEER	LENA BJUGGNER	1989	GASLED-NING	AU	EXPL				Utredningen utgörs av en kart- och arkivstudie. Även besiktning av medeltida by- och gårdslägen har gjorts. I samband härmed noterades de lägen som skulle kunna innebära förhistoriska bosättningar i byarnas närhet. Flera medeltida gårdstomter, hägnader och åkermark berörs: Uppnora, Skogsgård, Gräsås, Fagerhult, Ivås.	
HA	-	HALM-STAD, LAHOLM KM	-	HAL-LANDS LÄNSMU-SEER	LENA BJUGGNER	1991	JÄRN-VÄGS-BYGGE	AU	EXPL		-	STÅ-NY-ARE TID	Totalt utvaldes nio områden för förundersökning. Huvudsakligen rör det sig om förhistoriska boplatslämningar men även by- och hustomter från medeltid och nyare tid påträffades. Utred-ningsområdet präglas av fullåkers-bygdens öppna odlingslandskap utan synliga lämningar ovan mark.	
HA	SKREA MFL	FALKEN-BERG, HALM-STAD	-	HAL-LANDS LÄNS-MUSEER	LARS LUND-QVIST MFL	1991	VÄG-BYGGE	AU	EXPL		-	STÅ-NY-ARE TID	Utredningen utgjordes huvudsakligen av arkivgenomgång och fältinventering. Bl a påträffades vid ett studium av äldre kartor ett flertal bytomter och torp.	
HA	TÖLÖ	GÅSE-VAD-HOLM	25 MFL	UV VÄST	MAGNUS STIBEUS	1991	GOLF-BANA	AU	EXPL		-	MED-NY-ARE TID	Gåsevadsholms gods är känt sedan ca 1400 och den medeltida gården antas ha legat inom det nu föreslagna området för golfbanan.	
HA	KUNGSÄ TER MFL	ÖSTERBY 1:24 MFL	14 MFL	UV VÄST	BENGT NORD-QVIST	1992	NYBYGG-NATION	AU	EXPL		-	1-10	Österby 1:24, väster om Prästgården, var en bytomt invid en senmedeltida bytomt och en övergiven 1100-tals kyrka. Grimeton 6:1, väster om Grimeton kyrka, var ett exploateringsområde som enl äldre kartor berörde äldre gårdstomter.	
HA	ÅRSTAD	ÅRSTAD 25:2 MFL		HAL-LANDS LÄNS-MUSEER	CHRISTINA FORS	1992	NYBYGG-NATION	AU	EXPL		-	-	Utredningen har omfattat arkiv- och litteraturstudier, genomgång av äldre läntmäterikartor och en fältinventering. Förutom att den nu rivna bondgården har en föregång-are som är medtagen på stor-skifteskartan finns ytterligare två, möjligen tre, gårdstomter i områ-det. Även dessa är medtagna på kartorna från 1765 och 1848. Det är fullt möjligt att gårstomternas kontinuitet sträcker sig bakåt i tiden till den tidigmedeltida kyrkbyn.	
HA	FRILLES-ÅS MFL	BY I STRÅ-VALLA SN	49	UV VÄST	E WEILER MFL	1978	VÄGBYG GE	FU	EXPL		-	-	Flera provundersökningar har gjorts. En av dem är en byplats, vilken arkivaliskt kan följas till mitten av 1600-talet. Platsen heter By.	
HA	ÅS MFL	GUNNES TORP		UV VÄST	LILLEMOR SCHUTZ-LER	1980	VÄG E6	FU	EXPL		KERAMIK, TEGEL	STÅ-ME-DELTID	Sammanlagt 311 provgropar om ca 0,5 m grävdes vid fosfat-och provundersökningen. Inom undersökningsområdet fanns fossila åkerrester samt ev medeltida bebyggelselämningar.	ÅSKLOS-TER
HA	YSBY	HOV 3:5 MFL		HAL-LANDS LÄNS-MUSEER	ERIK ROSENG-REN	1981	NYBYGG-NATION	FU	EXPL		KERAMIK, FLINTA	-	Undersökningen syftade till att ta reda på om den medeltida byn legat söder om Ysby kyrka, där tomtmark skulle stakas ut. Provgropar grävdes. Resultatet blev negativt.	

LANDSKAP	SOCKEN	PLATS	RAÄ NR	INSTITUTION	GRÄVNINGSLEDARE	UNDERS ÅR	EXPLOATERAT	UNDERSÖKNTYP	UNDERSÖKNART	UNDERSÖKT YTA	FYND	DATERING	BESKRIVNING	ANM
HA	KUNGSBACKA KN	GÅSEVADSHOLMS GÅRD		UV VÄST	LILLEMOR SCHUTZLER	1985	NATURGAS	FU	EXPL		SENMED KER, FÖRH KER M M		En sträcka på ca 35 km från Frillesås sn t o m Älvsborgs sn berördes. Tolv områden var tänkbara för provundersökning. Sträckan passerade bl a Gåsevadsholms gamla gård. (Det framgår ej vilka observationer och fynd som tillhör gården).	
HA	SKUMMELÖV	SKUMMELÖV 7:5.7:12		HALLANDS LÄNSMUSEER	LENA BJUGGNER MFL	1985	PLANARBETE	FU	EXPL		MED KER	STÅ-MEDELTID	I Skummelövs by söder om Laholm förundersöktes ett större område. Strax norr om planområdet hittades senmedeltida keramik som indikerade en numera övergiven del av den medeltida byn.	
HA	GETINGE	ÖRINGE 2:7		HALLANDS LÄNSMUSEER	ANNIKA JEPPSSON	1986	VÄGBYGGE	FU	EXPL		-	-	Syftet var att utröna om medeltida kulturlager fanns inom den gårdstomt som berördes. Resultatet visade att gården endast kunde beläggas från 1700-talet. Då inga anläggningar påträffades ansågs ytterligare undersökningar ej nödvändiga.	
HA	GETINGE MFL	GETINGE		HALLANDS LÄNSMUSEER	LENA BJUGGNER	1986	JÄRNVÄG	FU	EXPL		MEDELTIDA KERAMIK M M	MEDELTID	Ett av de områden som förundersöktes var platsen för Öringe by, belagd i skriftliga källor 1470. Här framkom härdar, stolphål och kulturlagerrester.	
HA	ELDSBERGA	ELDSBERGA 5:4, 6:2		HALLANDS LÄNSMUSEER	LENA BJUGGNER	1988	-	FU	EXPL		KERAMIK, GLAS, JÄRN M M	FÖRHIST (?) NYARE TID	Förundersökning av en tomt i Eldsberga by. Sjutton provgropar grävdes inom tre genom kartmaterial belagda hustomter. Inom två tomtområden påträffades bebyggelselämningar (stenläggning, lergolv, stolphål, härd), agara lämningar (åderspår) och kulturlager.	
HA	TÖLÖ	VARLA 2:198 MFL	6	UV VÄST	LARS LUNDQVIST	1988	NYBYGGNATION	FU	EXPL		VENDISKT SVARTGODS, RÖDGODS M M	STÅ, YNGRE JÄÅ, MED	Inom tre områden påträffades omfattande (upp till 0,5 m tjocka) kulturlager med skörbränd sten, obrända ben samt vik/tid med keramik. På 1835 års karta befintlig gårdstomt påträffades dessutom stolphål,härdar, och gropar med förhistoriska tidigmedeltida samt yngre fynd.	
HA	SKUMMELÖV	SKUMMELÖV 7:12	23	HALLANDS LÄNSMUSEER	BENGT WESTERGAARD	1991	VA-LEDNING	FU	EXPL		-	-	Enl fornminnesregistret finns här en by/gårdstomt (fornl 350). Men några medeltida beyggelselämningar kunde inte med säkerhet påvisas. Inte heller någon förhistorisk dito.	
HA	KUNGSÄTER	ÖSTERBY 1:24	14, 41	UV VÄST	VIKTOR SVEDBERG	1992	NYBYGGNATION	FU	EXPL	130 LÖPM	-	18-1900-TAL	Undersökningsområdet uppgick till ca 60x130 m. På området finns inga registrerade fornlämningar, men undersökningen motiverades av det topografiska gynnsamma bebyggelseläget i omedelbar anslutning till Kungsäters gamla kyrkoruin (fornl 14) och Kungsäters gamla bytomt (fornl 41). Den gamla kyrkan är från 1100-talet och på bytomten finns bebyggelse belagd före 1645. Inget framkom.	
HA	KVIBILLE MFL	HALMSTAD--FALKENBERG	-	UV VÄST	LARS LUNDQVIST	1992	VÄGBYGGE	FU	EXPL		-	STÅ-NYARE TID	Vid Hörsås 6:1 i Getinge sn framkom kulturlager och husgrunder från förhistorisk tid, medeltid samt nyare tid. Två av Hörsås gårdar berörs av motorvägen.	

LAND-SKAP	SOCKEN	PLATS	RAÄ NR	INSTITU-TION	GRÄV-NINGS-LEDARE	UN-DERS ÅR	EXPLOA-TERAT	UNDER-SÖKN-TYP	UNDER-SÖKN-ART	UNDER-SÖKT YTA	FYND	DATE-RING	BESKRIVNING	ANM
HA	ÅRSTAD	ÅRSTAD 25:2		HAL-LANDS LÄNS-MUSEER	-	1992	NYBYGG-NATION	FU	EXPL		KERAMIK, JÄRNFÖ-REMÅL	12-1700-TAL	Förundersökningens målsättning var att fastställa begränsningar för lämningarna av de äldre gårds-tomterna, att klarlägga hur mycket av materialet som är bevarat och att få en ramdatering utifrån fynd. Omfattande lämningar av två gårdsanläggningar kunde konstateras.	
HA	ÄLVS-ÅKER	LERBERG 5:21	89	UV VÄST	VIKTOR SVEDBERG	1992	NYBYGG-NATION	FU	EXPL	16 LÖPM	KERAMIK, SPIK, SLAGG	TROL 1700-TAL	Fastigheten ligger inom den norra delen av fornl 89, som är en del av Lerbergs gamla by. Lerberg är tidigast omtalad 1563, varefter delar av byn skiftades ut under 1800-talet. Fem schakt grävdes med maskin. Endast spridda tunna kulturlagerfläckar framkom.	
HA	TÖLÖ	VARLA-OMRÅ-DET	117	UV VÄST	-	1976	NYBYGG-NATION	UN	EXPL		KERAMIK, SLÄND-TRISSOR M M	ROM-ERSK JÄRN-ÅLDER	En nyupptäckt järnåldersboplats undersöktes. Boplatsen är belägen omedelbart norr om Varla by, vars bevarade äldsta delar är från 1700-talets mitt. Själva gårds-byplatsen ligger sannolikt delvis under nuva-rande bebyggelse vilket förekomst-en av stolphål o dyl i närheten pekar på. Den befintliga bebygg-elsen berörs f n inte, men planer finns för fortsatt exploatering. I anknytning ligger två gravfält.	
HA	STRÅ-VALLA	BY 1:2	49	UV VÄST	AGNE FURING-STEN	1979	VÄG-BYGGE	UN	EXPL		KERAMIK, JÄRNFÖ-REMÅL, MYNT M M	CA 1500 (?)-1811	Husrester mm på en bytomt undersöktes. Byn brann ned 1811. Äldsta skriftliga belägg för bytomten är från 1570. Några klarare belägg för att tomten härstammar från medeltid kunde ej spåras vid undersökningen.	
HA	STRÅ-VALLA	STOCK-EN 1:2,1:23	58	UV VÄST	LILLEMOR SCHUTZ-LER	1979	VÄG-BYGGE	UN	EXPL		KERAMIK, VÄV-TYNGDER M M	BRÅ-ÅJÄÅ	Delar av en boplats undersöktes. Boplatsen visade sig vara skadad av sentida markarbeten. Åter-stoden utgjordes endast av härdar, stolphål, sotfläckar, gropar, rän-nor. I NV delen framkom sanno-likt rest efter någon slags byggnad, ett mörkfärgat område med rabbad keramik. Även en del ssenare fynd (medeltida?) påträffades inom området.	
HA	ÖLME-VALLA	ÖLMA-NÄS		GÖTE-BORGS UNIV	EVA SVANBERG MFL	1979		UN	FORSK		KERAMIK, BEN, YLLE-HÄRVA	BÖRJAN AV 1200-TAL	Vid seminariegrävning undersöktes boplatsrester som skadats av grustäkt. Dessa utgör troligen rester efter en kortvarig marginalbebyggelse under 1200-talets befolkningsmaximum med fiske och saltframställning som troligt näringsfång.	
HA	TÖLÖ	VARLA 9:27, 2:6	173	UV VÄST	LARS LUND-QVIST MFL	1989-90	NYBYGG-NATION	UN	EXPL		ÄLDRE SVART-GODS, KAMMAR M M	YJÄÅ, ÄLD MED, NY TID	Området låg där Varla bys gårdar legat. Gårdarna låg utmed den gamla byvägen på en ca 1,5 km lång sträcka. Grävningen skedde på inägomark och berörde en av gårdstomterna. Den sena bebyggelsen från 17-1900-tal framkom och bebyggelse från äldre medeltid. Hög- och senmedeltida keramik påträffades dock i ploglagret. De mest omfattande lämningarna härrör från 100-talet.	

LANDSKAP	SOCKEN	PLATS	RAÄ NR	INSTITUTION	GRÄVNINGSLEDARE	UNDERS ÅR	EXPLOATERAT	UNDERSÖKNTYP	UNDERSÖKNART	UNDERSÖKT YTA	FYND	DATERING	BESKRIVNING	ANM
HA	ELDSBERGA	PERSTORP 22:4		HALLANDS LÄNSMUSEER	LOUISE DEUTGEN	1990	LEDNINGSDRAGNING	UN	EXPL		ÄLDRE RÖDGODS, JÄRNFÖREMÅL M M	HÖGMED, NYARE TID	Området utgörs av åkermark och schaktades med maskin ner till kulturpåverkat lager och grävdes sedan för hand. Området skall enl en skriftlig källa från 1603 tillhöra huvudgården Perstorp. Ett ca 20 cm tjockt kulturlager med recenta inslag täckte hela området. Under detta framkom ett 30-tal anläggningar: stophål, nedgrävningar, brunnar, härdar, en nedgrävd huskonstruktion m m. Anläggningarna tolkades som perifera anläggningar till huvudgården.	
HA	LINDOME	RANNTORP 1	170: 3	UV VÄST	OLOF PETTERSSON	1991	VÄGBYGGE	UN	EXPL			EFTERMED	Den östra delen av Ranntorps gamla byområde berördes. Byn omnämndes första gången 1592. Syftet är att försöka besvara frågan när byn etablerades och hur den sedan utvecklats. Rester efter minst fyra hus, en brunn och en gårdsbeläggning påträffades. Förekomsten av fynd var sparsam och kan grovt dateras till 1700-talet och framåt.	
HÄ	HÄLSINGTUNA	BJÖRKA 1:6, 1:27	70, MFL	UV MITT	LARS SJÖSVÄRD MFL	1982-83	VÄG, E4	UN	EXPL		KAMMAR, PÄRLOR M M	FOLKV, 10-1100-1500	Undersökningsområdet omfattade ett större fornlämningskomplex med minst fem olika bebyggelsestadier. Efter ett övergångsskede i sen vikingatid med en husgrund med både stolphål och syllstensrad, har bebyggelsen på 10-1100-tal fram till 1500-tal etablerats på det för området typiska gårdsläget nära moränryggens krön i brytzonen mellan odlade jordar och skogsmark.	
JÄM	UNDERSÅKER	EDSÅSEN 3:42	182	LANDSANT I ÖSTERSUND	OVE HEMMENDORFF	1978	NYBYGGNATION	AK	EXPL		-	MEDELTID?	På ett starkt sönderodlat ödesböle skedde en övervakning. Inga lämningar eller fynd påträffades dock.	
JÄM	UNDERSÅKER	PRÄSTBORDET	76	JÄMTLANDS LÄNSMUS	KAJSA WILLEMARK	1986	KRAFTLEDNINGSSTOLPAR	AK	EXPL		BRYNE, BEN, BRÄND LERA M M	YNGRE JÄÅ-MEDELTID?	I samband med grävning i ett område med ödesbölen, gravar och odlingsrösen, uppkom en skada mitt i ett stenröse. Ett kollager med ett överliggande fyndförande lager konstaterades i rösets botten. De obrända benen och lagrets feta karaktär talade för ett boplatslager. Sannolikt ett ålderdomligt odlingsröse ovanpå kulturlager.	
JÄM	ÅRE	BERGE 2:9	112	JÄMTLANDS LÄNSMUS	INGELA KARLSSON	1980	GRUSTÄKT	AU	EXPL				Fosfatkartering företogs till en del med anledning av eventuell grustäkt vid Berge, Ödesböle.	
JÄM	ÅS	HOV 1:7, RÖSTA 3:4		JÄMTLANDS LÄNSMUS	MARIA PETERSSON	1981	NYBYGGNATION	FU	EXPL		LERKLINING, BEN, KOL	MEDELTID	En delundersökning av en boplats. Ett större område fosfatkarterades först, avsynades och kontrollerades vid avbaning. Inom ett begränsat område med förhöjd fosfathalt, drogs fyra schakt. Här påträffades ett 0,2-0,7 m tjockt kulturlager innehållande skörbränd sten. En C14-analys har anvisat 1400-tal. Kulturlagret avses undersökas under 1982.	

LANDSKAP	SOCKEN	PLATS	RAÄ NR	INSTITUTION	GRÄVNINGSLEDARE	UNDERS ÅR	EXPLOATERAT	UNDERSÖKN-TYP	UNDERSÖKN-ART	UNDERSÖKT YTA	FYND	DATERING	BESKRIVNING	ANM
JÄM	FRÖSÖ	FRÖSÖ SJUKHUS		JÄMTLANDS LÄNSMUS	JAN SUNDSTRÖM MFL	1984	BROBYGGE	FU	EXPL		-	JÄÅ-NYARE TID	En besiktning med fosfatkartering och provschaktsupptagning utfördes. I området finns fyra gravhögar, samt en järnframställningsplats. RAÄ 145 en medeltida gård och 1700-tals bebyggelse. Fosfatanalysen visar låga värden över större delen av området. Provschakten visar recent material ovan mjäla/lerlagret. I mjäla/lerlagret finns inslag av kolpartiklar, ben, spik och slagg förutom sten. I det fjärde schaktet framkom ett lager med skärvsten.	
JÄM	OVIKEN	VÄSTERÅSEN	80	JÄMTLANDS LÄNSMUS	KAJSA WILLEMARK	1986		FU	FORSK		-	-	En specialkartering av den övergivna fäboden Koborgen utfördes på begäran av Myssjö- Oviken hembygdsförening i syfte att utröna platsens historiska bakgrund. Platsen registrerades 1970 som ödesböle med fossil åkermark och en källare som anses kunna vara medeltida. Vid karteringen grävdes två schakt i två av de tydligast utvecklade åkerterasserna.	
JÄM	ALSENS	-	92	LANDSANT I ÖSTERSUND	EVA SÄLLSTRÖM	1977		UN	FORSK		STENGODS, BULTLÅS M M	MEDELTID	Som led i ett forskningsprojekt rörande medeltida gårdsanläggningar i Jämtland undersöktes en övergiven gårdsanläggning med tillhörande åkrar. En husgrund och delar av en tillhörande gårdsplan frilades. Genom åkerterasserna upptogs tre schakt.	
JÄM	STRÖM	BREDGÅRD 1:235	193	JÄMTLANDS LÄNSMUS	MARIA PETERSSON	1981	UTVIDG AV KYRKOGÅRD	UN	EXPL		-	MEDELTID-NYARE TID	En delundersökning av ett ödesböle. Två odlingsterasser, två odlingsrösen, en stensträng och en förmodad husgrund dokumenterades varefter området karterades och provundersöktes genom sex schakt. Den förmodade husgrunden visade sig vara en skräphög.	
JÄM	ÅS	HOV 1:7 MFL	45	JÄMTLANDS LÄNSMUS	MIKAEL OLAUSSON	1982	NYBYGGNATION	UN	EXPL		PILSPETSAR, KNIVAR M M	ROM JÄÅ-MEDELTID	Boplatslämningen visade sig täcka ett stort område och bestå av lämningar från skilda tider. Husgrunder, härdar, stolphål, gropugnar mm påträffades. Föremålsfynden tillhör huvudsakligen medeltid med en del äldre inslag. Platsen verkar ha övergivits mot medeltidens slut. C14 anvisar 375-1500 e Kr.	
JÄM	ÅRE	BERGA 2:9	112	JÄMTLANDS LÄNSMUS	LEIF KARLENBY	1985	GRUSTÄKT	UN	EXPL		BLECK, BESLAG, SÖLJA, BEN, KOL M M	VIK-NYARE TID	Delar av ödesbölet hade tidigare förstörts av grustäkt. En kartering och en delundersökning gjordes. Fyra åkrar med terasser och hak samt en hålväg karterades. Dessutom gjordes tolv schakt i terasserna (ursprunglig markyta C14-1000+-290,1060+-70 e Kr). En husgrund med eldstad (C14-1295+-80, 1470+-80 e Kr).	
JÄM	HÅSJÖ	BY 1:10	16	JÄMTLANDS LÄNSMUS	JAN SUNDSTRÖM	1983		UN?	EXPL?		KAMFRAGMENT, BR BEN, TRÄKOL	VIK-MEDELTID	Vid Singsjö i Hågsjö sn har påträffats ett tidigare okänt ödesböle. Inom ödegården finns fossil åkermark med odlingsrösen, terasser och hak, grunder och en gravhög. C14 dateringar-hög: 1000+-80 e Kr, husgrunden: 850+-120 e Kr, odlingsröset: 1580+-80 e Kr.	

LAND-SKAP	SOCKEN	PLATS	RAÄ NR	INSTITU-TION	GRÄV-NINGS-LEDARE	UN-DERS ÅR	EXPLOA-TERAT	UNDER-SÖKN-TYP	UNDER-SÖKN-ART	UNDER-SÖKT YTA	FYND	DATE-RING	BESKRIVNING	ANM
JÄM	RAGUN-DA	AMMER, KROK-VÅG BY		JÄMT-LANDS LÄNS-MUS	KAJSA WILLE-MARK	1986	DIKES-GRÄV-NING	UN?	EXPL		KERAMIK, TEGEL, BEN MM	15-1800-TAL	I samband med dikesgrävning på en 1800-talsgård i Krokvåg by framkom ett kulturlager med avfallsmaterial. Lagret återfanns i en nästan 2 m djup och ca 1,6 m bred nedgrävning. Keramiken är som äldst 15-1600-tal.	
LA	GÄLLI-VARE MFL			UMEÅ UNIV, ARK INST	EVERT BAUDOU	1987		AU	FORSK		-	TROL VIK-17/1800-TAL	Inventering, vilken ingår i forsk-ningsprojektet "Vikingatida och medeltida bosättnings- och näringsformer i övre Norrlands inland". Den genomfördes i närheten av sju kända samiska offerplatser. På alla platser, utom en, hittades härdar som tyder på någon form av bosättning, sannolikt under lång tid.	
LA	ARJE-PLOG	UDD-JAUR 1:1		UMEÅ UNIV, ARK INST	I BERG-MAN HENNIX	1984		FU	FORSK		METALL-FYND, SPÄNNE, JÄRN-FÖREM	VIK, MED, 1800-TAL	Syftet var att klargöra bosättning och resursutnyttjande i övre Norrlands inland under vik och medeltid. Inventering av härdar och registrering av metallfynd med detektor i anslutning till härdarna (110 st). Mindre yta grävdes (10 m²) som utgjordes av fem härdar.	
LA	JOKK-MOKK	SIERKA-VAGGE		UMEÅ UNIV, ARK INST	EVERT BAUDOU MFL	1977-78		UN	FORSK		JÄRN-KNIV, BÄLTES-HÄNGE M M	TROL 1000-1700	Som ett led i forskningsprojektet "Arkeologiska undersökningar och tolkningar av samiska lämningar i Sverige från första och andra årtusendet e Kr" undersöktes bo-platslämningar på två närliggande områden. Både tältkåtor och här-dar undersöktes. Flera bosättnings-skeden kunde urskiljas. Under-sökningarna fortsätter under 1978.	
NÄ	NORRBY-ÅS	ÖN	14	UV	-	1974	GRUS-TÄKT	AK	EXPL		-	MEDEL-TID	I samband med avbaning för grustäkt utfördes en antikvarisk kontroll. Härvid påträffades härdar, stenpackningar, kulturlager, vilka utgör rester av medeltida bebyggelse i gränszonen mellan Kvismarens forna strandlinje och foten av en grusås.	
NÄ	KUMLA	BLACK-STA	159	UV MITT	ANDERS BROBERG	1983	VÄG-BYGGE	FU	EXPL		BRÄNDA BEN, KOL	-	Norr om undersökningsområdet finns sannolikt lämningar efter Korsta by. I vägsträckningen framkom endast en sönderplöjd härd.	
NÄ	NORRBY-ÅS	ÖLOGEN	14	UV	G MAG-NUSSON	1973	GRUS-TÄKT	UN	EXPL		GLAS/ OGLAS KERAMIK, MYNT M M	MEDEL-TID	En husgrund med murrester samt kulturlager i odlad åkermark.	
NÄ	NORRBY ÅS	ÖLOGEN, ÖN 1:5	14	UV	-	1975-76	GRUS-TÄKT	UN	EXPL		KERAMIK, KNIV, BEN MM	MEDEL-TID (?), 1700-TAL	Resterna av medeltida bebyggelse undersöktes. Sammanlagt har 3 husgrunder påträffats, varav en undersöktes 1973. År 1975 på-träffades en husgrund av sten, en husgrund av trä samt en stensatt brunn. Dessutom undersöktes 5 kulturlagersamlingar, samtida med bebyggelsen. Därtill grävdes sex schakt och 2 provrutor. Även 6 härdgropar framkom.	
SK	MAG-LARP	MAG-LARP 4:1, 33:4, 8		UV	-	1974	KABEL-SCHAKT	AK	EXPL		KERAMIK, DJURBEN	MEDEL-TID-NY-ARE TID	Vid övervakning av dikesgrävning för kabelnedläggning påträffades raseringslager och kulturlager, vilkas undre delar bör härröra från Maglarps medeltida by. På geometriska kartan från 1700-talet finns bebyggelse angiven inom det undersökta området, som är beläget i åkermark ca 100 m N om Maglarps gamla kyrka. Fynd från medeltid framkom (100-1200-tal).	

LANDSKAP	SOCKEN	PLATS	RAÄ NR	INSTITUTION	GRÄVNINGSLEDARE	UNDERS ÅR	EXPLOATERAT	UNDERSÖKN-TYP	UNDERSÖKN-ART	UNDERSÖKT YTA	FYND	DATERING	BESKRIVNING	ANM
SK	HEDESKOGA	LILLA TVÄREN 1:3		UV	INGMAR BILLBERG	1977	MATJORDSAVBANING	AK	EXPL		-	-	På grund av områdets närhet till den medeltida byn Lilla Tvären, utfördes en övervakning. Ingenting påträffades under avbaningen.	
SK	BUNKEFLO	BUNKEFLO 7		MALMÖ MUSEUM	B-Å SAMUELSSON	1980	VÄGBYGGE	AK	EXPL		KAKEL, FLINTA M M	FÖRHIST-NYARE TID	En antikvarisk kontroll inom ett medeltida byområde. Inga spår av den medeltida byn påträffades. Troligen har bebyggelsen varit koncentrerad åt söder längs den gamla vägen och mot kyrkan.	
SK	VÄSTRA KARUP	KARSTORP 1:2, 1:6	554	KRISTIANSTAD LÄNS MU	GUNILLA ROOS	1989	NYBYGGNATION	AK	EXPL	544 M2	TEGEL	NYARE TID	En schaktningsövervakning i byn Karstorp. Den ena tomten är belägen inom den äldsta (1827) kända utsträckningen av bykärnan och den andra tomten ligger strax utanför. Schakten (17x16 m och 17x15 m) grävdes med maskin. Inga konstruktioner eller färgningar framkom.	
SK	N ÅSUM	N ÅSUM 2336		UV	-	1974	NYBYGGNATION	AK?	EXPL		KAMMAR, ÄLDRE SVARTGODS M M	1000-1600-TAL	Vid schaktningsarbeten registrerades rester av omrörda kulturlager från 1000-1600-talen samt 42 anläggningar från tidig medeltid. Av dessa utgjordes en av ett grophus, sju av härdar samt 34 st av avfallsgropar och stolphål.	
SK	TOSTERUP	MUNKA TÅGARP 27:1		UV	-	1976	STALLBYGGE	AK?	EXPL		1 KERAMIKSKÄRVA	MEDELTID?	I samband med matjordsavbaning påträffades fyra härdar. De var fyllda med skörbränd sten och sot. Härdarna är troligen medeltida. Därom vittnar även en keramikskärva med blyglasyr som påträffades i härdarnas närhet.	
SK	GREVIE	SALOMONHÖG 1:5 MFL	57 MFL	KRISTIANSTAD LÄNS MU	TYRA ERICSSON MFL	1989	GOLFBANA	AU	EXPL		-	STÅ, BRÅ, NYARE TID	Vid utredningen konstaterades att exploateringen bl a berör Salomonhögs gamla bytomt. Så gott som alla ingrepp i landskapet föregicks av matjordsavbaning. (Inga uppgifter finns angående resultaten från bytomten).	
SK	LACKALÄNGA	"GATUMARK"	28	UV SYD	LASSE WALLIN	1989	LEDNING	AU	EXPL		-	MED (?) -NYARE TID	En besiktning med anledning av att hela ledningssträckan berörde Lackalänga gamla bytomt. Kulturlagerliknande lämningar framkom i delar av det 0,5 m breda schaktet. Ålder och närmare karaktär på kulturlagret gick inte att fastställa.	
SK	GENARP	TOPPELADUGÅRD 3:1	80	UV SYD	LASSE WALLIN	1990	GRUSTÄKT	AU	EXPL		-	STÅ-BRÅ, NYARE TID	Större delen av Gräntinge gamla bytomt ligger i täktområdet. Den äldsta kända kartan över byn är från 1777 och det äldsta omnämnadet är från 1300-1333. Med maskin grävdes åtta provschakt inom bytomten. Byn kunde följas ned till 1700-talets slut, men inte längre.	FLER FASTIGH INBEGR
SK	GLUMSLÖV	NEDRE GLUMSLÖV 4:4	80 MFL	UV SYD	STEFAN KRIIG	1990	NYBYGGNATION	AU	EXPL		-	FÖRHIST, 17-1800-TAL	Bl a berörs Nedre Glumslövs gamla bytomt (fornl 80) i sin södra del. Byn finns markerad på en karta från 1774. Tio schakt grävdes på och invid bytomten. Förutom ett antal sten- och tegelfyllda gropar kunde inga spår av äldre bebyggelse konstateras. Fyndmässigt kan anläggningarna dateras til 17-1800-talen.	

LANDSKAP	SOCKEN	PLATS	RAÄ NR	INSTITUTION	GRÄVNINGSLEDARE	UNDERS ÅR	EXPLOATERAT	UNDERSÖKN-TYP	UNDERSÖKN-ART	UNDERSÖKT YTA	FYND	DATERING	BESKRIVNING	ANM
SK	KROPP	VÄLA 7:4 ETAPP III	40, 46	UV SYD	BENGT SÖDERBERG	1990	NYBYGGNATION	AU	EXPL		-	BRÅ, MED ?, NYARE TID	En av två registrerade fornlämningar i området utgörs av Väla gamla bytomt (fornl 46) enl en karta från 1746. Vid schaktning framkom stenanhopningar som härrör från byggnader vilka ingått i en av gårdarna. På två platser framkom stolphål efter äldre bebyggelse (medeltid-nyare tid resp förhist tid).	
SK	ALLERUM	RY 14:1	167	UV SYD	BENGT SÖDERBERG	1991	NYBYGGNATION	AU	EXPL	655 LÖPM	-	NYARE TID EFT 1850	Det ca fem tunnland stora området är beläget på nordsidan av en höjdrygg mellan Allerums kyrkby och bytomt. Förhöjda fosfater och lösfynd indikerar ett bra boplatsläge under förhistorisk tid. I norra delen av exploateringsytan finns en av de gamla gårdstomterna i Ry registrerad. Åtta schakt om sammanlagt 655 löpmeter grävdes. Inga lämningar framkom förutom gropar med 1800-tals keramik.	LÖPM TOTALT AU?
SK	BRUNNBY	FLUNDRARP 8:125	278	UV SYD	HÅKAN THOREN	1991	NYBYGGNATION	AU	EXPL		TEGEL, KERAMIK M M	STÅ, NYARE TID	Exploateringsområdet tangerar begränsningen för Stubbarps gamla bytomt. Ett sökschakt lades i området närmast bytomten. Här påträffades också avfall som troligen härrör från byns nordligaste gård. Av keramiken att döma började avfallet att deponeras tidigast under 1600-talet.	
SK	GLOSTORP	GLOSTORP 7:5	46	MALMÖ MUSEER	THOMAS ANDERSSON	1991	GASLEDNING	AU	EXPL	70 LÖPM	-	NYARE TID 16-1700-T	Inom Glostorps by företogs en arkeologisk utredning för att undersöka om arbetena skulle komma att beröra under mark dolda lämningar av den medeltida byn. Gasledningen föregicks av en geoteknisk undersökning. Provschakt togs upp där den geotekniska undersökningen påvisat förekomst av större stenar vilka kunde indikera bebyggelselämningar, samt på andra ytor. Fyra gropar framkom.	
SK	GLUMSLÖV	ÖVRA GLUMSLÖV 2:5	81 MFL	UV SYD	MARGARETA OLSSON	1991	GOLFBANA	AU	EXPL		-	STÅ, BRÅ	En utredning i form av en provgrävning utfördes. Övra Glumslövs gamla bytomt (fornl 81) berörs bl a. Inom tomtmarkeringen påträffades ett flertal anläggningar, en trolig syllstensrad och rikligt med lerklining. Även några härdar av förhistorisk karaktär fanns i området.	FLER FASTIGH INBEGR
SK	LÖDDEKÖPINGE	LÖDDEKÖPINGE 75:1	69 MFL	UV SYD	LASSE WALLIN	1991	NYBYGGNATION	AU	EXPL		KERAMIK, FLINTA	STÅ, BRÅ, SENVIK-TID ME	Vid utredningen berördes bl a del av Löddeköpinge gamla bytomt (fornl 69).	FLER FASTIGH INBEGR
SK	OXIE	TOARP 5:6	39	MALMÖ MUSEER	THOMAS ANDERSSON	1991	NYBYGGNATION	AU	EXPL	1660 LÖPM	-	-	Omedelbart väster om utredningsområdet finns under mark dolda lämningar av Toarps medeltida by. Med maskin togs nio schakt upp om 1,50 m bredd. Här framkom härdar och gropar och en kulturlagerrest. Anläggningarna hade en tydlig anknytning till resterna av den medeltida byn väster om undersökningsområdet.	
SK	ST KÖPINGE	Ö GREVIE-KÖPINGEBRO		UV SYD	M OLSSON MFL	1991	GASLEDNING	AU	EXPL		KERAMIK M M	STÅ-MEDELTID	En utredning i form av provgrävning som föregåtts av arkiv- och kartstudier och fältrekognocering. Nio punkter som provundersöktes var registrerade fornlämningar. Av dessa var tre medeltida bytomter.	

LANDSKAP	SOCKEN	PLATS	RAÄ NR	INSTITUTION	GRÄVNINGSLEDARE	UNDERS ÅR	EXPLOATERAT	UNDERSÖKNTYP	UNDERSÖKNART	UNDERSÖKT YTA	FYND	DATERING	BESKRIVNING	ANM
SK	STORA KÖPINGE	KÖPINGE BRO	22	UV SYD	BENGT SÖDERBERG	1991	VA-LEDNING	AU	EXPL		KERAMIK	BRÅ	Ledningen berör St Köpinge gamla bytomt (fornl 22). Punkt 6, tangerar bytomten (Ystadprojektets punkt 26). Här dokumenterades gropar, härdar och stolphål.	
SK	V SKRÄVLINGE	ALMGÅRDENS INDOMR	13, 14	MALMÖ MUSEER	RAIMOND THÖRN	1991	NYBYGGNATION	AU	EXPL		-	VIK-MED, NYARE TID	En gropkoncentration observerades, vilken daterades till 16-1700-tal. Groparna torde ha samband med aktiviteter inom Västra Skrävlinge by, men möjligheten finns att de tillkommit vid belägringen av Malmö 1644-1645. Vidare framkom tre härdar samt ett gytter av rännor, av vilka åtminstone en daterades till vik-tidig med.	
SK	HEDESKOGA	VÄG 10, RINGLEDEN	5	UV SYD	STEFAN KRIIG	1992	VÄGBYGGE	AU	EXPL	960 LÖPM	-	FÖRHIST/ MEDELTID	Bl a Lilla Tvärens bytomt (fornl 5) ligger nära den planerade vägen. Där har vid arkeologiska undersökningar bl a påträffats bebyggelselämningar från 10-1100-talen. Sammanlagt 14 schakt grävdes. I några schakt framkom härdar. I ett schakt fanns en mindre avfallsgrop som troligen kan knytas till Lilla Tvärens by.	LÖPM TOTALT AU?
SK	RÄNG	HÖLLVIKEN 23:7	34 MFL	UV SYD	I T-DOTTER ÅHLIN	1992	NYBYGGNATION	AU	EXPL		STENGODS M M	STÅ, BRÅ, MEDELTID	I södra delen av planområdet dokumenterades omfattande bebyggelselämningar från tidig- och högmedeltid (fornl 34), samt ett kulturlager från äldre tid.	
SK	FOSIE	MUNKHÄTTEGATAN		MALMÖ MUSEUM	-	1969	GATUARBETE	FU	EXPL		KERAMIK, BEN, JÄRNFÖREM	1200-TAL O SENARE	Vid provgrävning i Fosie by påträffades gropar, härdar och en brunn.	
SK	BURLÖV	TÅGARPS BYOMRÅDE		LANDSANT I LUND	-	1970	NYBYGGNATION	FU	EXPL		-	16-1700-TAL	En större provundersökning vid Tågarps byområde. En ny väg hade byggts över centrum av den medeltida byn, som därigenom totalförstörts av kulvertar m m. Mindre rester av 16-1700-talsbebyggelse framkom.	
SK	N ÅSUM	N ÅSUM 2334B, 2334C		LANDSAN I KRISTIANST	B SUNDNER	1974	NYBYGGNATION	FU	EXPL		KERAMIK, BEN, LERKLINING	TIDIGSEN MEDELTID	Resterna av en medeltida gårdsanläggning och en stenskodd brunn undersöktes.	
SK	N ÅSUM	N ÅSUM 2336 E, F		UV	-	1974	NYBYGGNATION	FU	EXPL		VENDISKT SVARTGODS, -BEN	1000 e Kr	Området är beläget i en flack öst-sluttning, som i öster begränsas av Hammarsjön. Vid schaktningsarbeten hade registrerats rester av tidigmedeltida kulturlager samt en stenskodd brunn. Vid provgrävning påträffades dock inga orörda kulturlager. En nedgrävning som bör utgöra resterna av en avfallsgrop undersöktes.	
SK	ANDERSLÖV	ST MARKIE 15:1 MFL		UV	-	1975		FU	FORSK	55 m^2	KERAMIK, JÄRN, VÄVTYNGDER M M	1000-1400-TAL	I avsikt att fastställa ev förekomst av medeltida lagerbildning utfördes en provundersökning. Arbetet som skedde i samråd med Nordiska ödegårdsprojektet föregicks av en fosfatkartering. 50 provgropar (1x1 m) med 25 m:s avstånd upptogs. Härvid konstaterades svackor med lagerbildning omedelbart NV och SV om Skevarpsgården. I svackan NV om gården utvidgades undersökningen till 5 m^2. Här framkom fyra gropar.	

LAND-SKAP	SOCKEN	PLATS	RAÄ NR	INSTITU-TION	GRÄV-NINGS-LEDARE	UN-DERS ÅR	EXPLOA-TERAT	UNDER-SÖKN-TYP	UNDER-SÖKN-ART	UNDER-SÖKT YTA	FYND	DATE-RING	BESKRIVNING	ANM
SK	HEDE-SKOGA	LILLA TVÄREN 5:1		UV	-	1976	LED-NINGS-SCHAKT	FU	EXPL		KERAMIK, MYNT, KAMMAR M M	1100-1600-TAL	I en åker på Lilla Tvären påträffades huskonstruktioner och kulturlager från 12-1300-tal. Gårdsplaner, grundstenar till huskonstruktioner samt kulturlager från 14-1600-talen överlagrade ovan nämnda anläggningar. Även en del stolphål och gropar påträffades.	
SK	GUMS-LÖV	GUMS-LÖV, KYRKO-GÅRDEN	O-REG	UV	LEIF H STEN-HOLM	1978	UTVIDG AV KYR-KOGÅRD	FU	EXPL	12 m²	KERAMIK, MYNT, NYCKLAR M M	VIK-CA 1300	Provundersökningen gjordes i området direkt söder om nuvarande kyrkogård. På det planerade området, 3500 m², hade upp till 0,8 m tjocka kulturlager schaktats bort. På denna avbanade yta fanns kraftiga brandlager från klinehus samt rester av stensättningar och syllkonstruktioner. Ev finns kontinuitet från vik till 1300-tal.	
SK	TRYDE	TRYDE PRÄST-GÅRD	O-REG	UV	LEIF H STEN-HOLM	1978	PARK-OMRÅDE	FU	EXPL	12 m²	KERAMIK, TEGEL	15-1600-TAL	Ett medeltida kulturlager undersöktes. Tolv provgropar, ca 1 m2 stora, begränsade kulturlagrets utbredning. Som mäktigast var lagret 1,2 m tjockt.	
SK	MALMÖ	ÖGÅRDS-PARKEN		MALMÖ MUSEUM	JAN PERSSON	1979	NYBYGG-NATION	FU	EXPL		-	STÅ, MEDEL-TID	Förundersökningen har visat på lämningar av den medeltida byn V Kattarp samt en boplats från stenålder. Stora delar av området upptas av Hinby mosses utlöpare i NÖ.	
SK	BUNKE-FLO	HYLLIE		MALMÖ MUSEUM	EVA NARDE	1980	NYBYGG-NATION	FU	EXPL		-	-	En provgrävning inom Hyllie medeltida byområde. Inga spår av medeltida bebyggelse påträffades.	KV ÅLDER MAN-NEN
SK	DALBY	DALBY 63:24		UV SYD	LEIF H STEN-HOLM	1981	NYBYGG-NATION	FU	EXPL		SVART-GODS, RÖDGODS M M	1100-1400-TAL ?	På en yta av 400 m2 grävdes fyra provschakt. Resultatet av undersökningen visade att det under matjordslagret kom ett kraftigt raseringslager från ett (medeltida?) korsvirkeshus. Under huset framkom ett 0,4 m tjockt kulturlager med äldre svartgods.	
SK	ILSTORP	ILSTORP 28:4		UV SYD	LASSE WALLIN	1982	GRUS-TÄKT	FU	EXPL		VENDISKT SVART-GODS M M	1000-1100-TAL	Vid provundersökningen konstaterades grundplanen till en stor gård kring en fyrkantig gårdsplan. Keramiken i stolphålen samt avsaknaden av tegel i väggkonstruktionen gör en datering till 1000-1100-tal trolig. År 1975 undersöktes ett antal grophus strax söder om gården. Dessa var troligen samtida med gården.	
SK	SKÅRBY	HUNNE-STAD 4:14 MFL		UV SYD	STEN TESCH	1982	LEDNING	FU	EXPL	160 LÖPM	YNGRE RÖD-GODS, PORSLIN	-	En provundersökning gjordes inom den nu försvunna byn Gussnavas område. Ortnamnet Gussnava är känt på en runsten från slutet av vikingatid och första medeltida omnämnande är från år 1499. På den geometriska kartan från 1700-talet omfattade byn ca 15 gårdar, byn avhystes dock i början av 1800-talet. Med grävmaskin avbanades 5 m breda schakt. Inga kulturlager framkom.	
SK	ESKILS-TORP	ESKILS-TORP 14:24 MFL		SKÅNES HEM-BYGDS-FÖRB	MAIT MOLAN-DER	1983	NYBYGG-NATION	FU	EXPL		-	-	Provundersökning vid Eskilstorps kyrka. Här ligger en förmodad medeltida bykärna. Provgroparna togs upp efter kontroll av lantmäterikartor. Schakten innehöll inget av intresse. I ett av schakten påträffades ett smärre antal djurben. I övrigt framkom inga fynd.	

LANDSKAP	SOCKEN	PLATS	RAÄ NR	INSTITUTION	GRÄVNINGSLEDARE	UNDERS ÅR	EXPLOATERAT	UNDERSÖKN-TYP	UNDERSÖKN-ART	UNDERSÖKT YTA	FYND	DATERING	BESKRIVNING	ANM
SK	KÄVLINGE	KV KÄLLAN 5, 10		UV SYD	STEN TESCH	1983	NYBYGGNATION	FU	EXPL		GLAS, PORSLIN	MODERN TID	Ett område på drygt 3000 m² alldeles söder om Kävlinge 1100-talskyrka skulle exploateras. På den yta som låg närmast nedanför den markanta kyrkhöjden upptogs två provschakt med maskin, varav 1,5x0,75 m bottengrävdes. På 1,05 m djup under markytan påträffades orörd sand/grusbotten.	
SK	LOCKARP	LOCKARPS BY		MALMÖ MUSEUM	B-Å SAMUELSSON	1983	VA-SCHAKT	FU	EXPL	20 LÖPM	A-B-GODS, RÄKNEPENNING M M	10-1100-TAL-1700-TAL	En provundersökning gjordes genom ett 20 m långt schakt på platsen för en i samband med enskiftet 1805 utflyttad gård. Omedelbart under matjordslagret framkom rester av denna samt därunder medeltida bebyggelserester i form av syllstenar, lergolv, brända lager m m. I schaktet botten framkom dessutom stophål.	
SK	BURLÖV	BURLÖVS G KYRKA		UV SYD	ROBERT B NAGMER	1985	UTVIDGN AV KYRKOGÅRD	FU	EXPL	576 M²			Eftersom kyrkbyn har medeltida anor, liksom kyrkan, var det sannolikt att äldre bosättning skulle påträffas inom området. Ett antal schakt grävdes med maskin. Inget av antikvariskt intresse framkom.	
SK	HÄRSLÖV	HILLESHÖG 1:3 MFL		UV SYD	TORSTENS DOTTER-ÅHLIN	1985	VA-LEDNING	FU	EXPL		ÄLDR/ YNGR RÖDGODS, BEN, BR LERA	MEDELTID-1700-TAL	En ledning från Hilleshög till Härslöv. Nio punkter förundersöktes. Vid Hilleshög 1:3 fanns rester efter medeltida och nyare bebyggelse. Vid Hilleshög 8:2,8:3 påträffades medeltida bebyggelse. Schakten grävdes med maskin och schaktbredden var 1,30 m.	
SK	KÄVLINGE	KV ARBETET 14 MFL		UV SYD	BENGT JACOBSSON	1985	NYBEBYGGELSE	FU	EXPL	120 LÖPM			Enligt lantmäterikartorna fr 1700-tal ligger explområdet delvis inom Kävlinges ursprungliga byområde med medeltida anor. Fyra stycken 2 m breda schakt grävdes med maskin. Inget av antikvariskt intresse framkom. Endast sentida störningar påträffades.	
SK	S:T IBB	TUNA 12:6		UV SYD	LEIFH STENHOLM	1985	NYBYGGNATION	FU	EXPL	100 LÖPM	-	-	På fastigheten, som användes som beteshage, grävdes ett 3-5 m brett provschakt. Totalt avbanades en yta på ca 400 m². Inga konkreta spår efter vare sig förhistoriska eller medeltida aktiviteter kunde konstateras.	
SK	SKÅRBY	GUSSNAVA 1:33 MFL		LUNDS UNIV HIST MUS	JOHAN CALLMER	1985		FU	FORSK		KERAMIK, JÄRNFÖREM	VIK-ÄL MEDELTID	Inom projektet Kulturlandskapet 6000 år undersöktes delar av ett större fosfatområde i anslutning till Gussnava historiska bytomt. Kulturlager från vikingatid (sen?) och äldre medeltid framkom.	
SK	SKÅRBY	SKÅRBY 3:6, 18:2		LUNDS UNIV HIST MUS	JOHAN CALLMER	1985		FU	FORSK		KERAMIK, JÄRNFÖREM, SLAGG	SEN VIK OCH YNGRE	Inom projektet Kulturlandskapet 6000 år undersöktes delar av ett större fosfatområde i anslutning till Skårbys historiska bytomt. Kulturlager från sen vikingatid, möjligen även äldre samt från äldre medeltid framkom.	

LAND-SKAP	SOCKEN	PLATS	RAÄ NR	INSTITU-TION	GRÄV-NINGS-LEDARE	UN-DERS ÅR	EXPLOA-TERAT	UNDER-SÖKN-TYP	UNDER-SÖKN-ART	UNDER-SÖKT YTA	FYND	DATE-RING	BESKRIVNING	ANM
SK	ST KÖ-PINGE	KABUSA 28:3		LUNDS UNIV HIST MUS	MATS RIDDER-SPORRE	1985		FU	FORSK		KERAMIK, YNGR RG, TEGEL	YNGR STÅ,VIK-TID MED	Inom Ystadsprojektet (delprojekt B3) (omr nr 5). Ett bebyggelse-indicerande namn "Tofterna" samt förhöjda fosfat föranledde under-sökningen. Syftet var att söka yngre jää bebyggelse invid Kabusa bykärna. Fyra schakt (30-40 m långa) grävdes. Ett fläckvist kultur-lager med yngre rödgods och tegel samt stolphål framkom. I ett par diffusa anläggningar påträffades stenålderskeramik.	
SK	ST KÖ-PINGE	KABUSA 28:3		LUNDS UNIV HIST MUS	MATS RIDDER-SPORRE	1985		FU	FORSK		-	-	Inom Ystadsprojektet (delprojekt B3)(omr 9). Det finns en hypotes om en tidigmedeltida kungsgårds-anläggning på platsen för Holma-gården. Schakt grävdes med gräv-maskin. Sentida synlig bebyggelse dokumenterades. Den hade sanno-likt förstört äldre bebyggelse. En-dast ett odaterat stophål framkom.	HOLM-GÅR-DEN
SK	ST KÖ-PINGE	SVENS-TORP 2:2		LUNDS UNIV HIST MUS	PER KARSTEN	1985		FU	FORSK		VENDISKT SVARTG, SLÄND-TRISSA M M	NEO-TID MED	Inom Ystadprojektet (delprojekt B3) (omr 55). Det var höga fosfathalter öster om Svenstorps gamla bykärna. Sju sökschakt grävdes inom ett område av 13 200 m². Här framkom en lertäckt, grophus, härd, stolphål och gropar som kan knytas till 1000/1100-tal utifrån svartgodskeramik.	
SK	TYGEL-SJÖ	KRIS-TINERO		MALMÖ MUSEER	JÖRGEN KLING	1985	NYBYGG-NATION	FU	EXPL	1240 M²	KERAMIK, LERKLI-NING	MITT 1200-TAL -FRAMÅT	Undersökning inom gränsen för den medeltida byn. Tre schakt grävdes inom förundersöknings-området. En ytlig stenläggning med keramik från 18/1900-tal samt sotigt ett golvlerlager med keramik från 12/1300-tal framkom.	
SK	VÄLLUV	VÄLLUV 6:1, (11:2)		UV SYD	ANDERS LÖFGREN	1985	NATUR-GAS	FU	EXPL	180 M²	LERKL, BEN, VEND SVG	VIK-ME-DELTID	Förundersökningen omfattade punkt 3 och 4. Schakten maskin-grävdes. Vid punkt 3, söder om Välluvs kyrka, framkom ett tiotal gropar och stolphål. Här påträffa-des vendiskt svartgods i en grop. Utifrån topografi och schakten har huvuddelen av bebyggelsen sannolikt legat norr om detta område.	
SK	ANDERS-LÖV	ANDERS-LÖV 50:11		UV-SYD	BENGT JACOBS-SON	1986	NYBYGG-NATION	FU	EXPL	45 LÖPM	-	-	Anderslöv by är belagd sedan medeltiden, men ortnamnet är äldre och har sannolikt traditioner från järnålder. Området låg inom ett område med starkt förhöjda fosfatvärden, vilket vanligtvis utmärker förhistoriska och medeltida bebyggelseområden. Vid provundersökningen grävdes ett i m brett schakt genom området. Inga kulturlager, konstruktioner eller fynd påträffades.	
SK	ANDERS-LÖV	KYRK-BACKEN 31:1		UV SYD	BENGT JACOBS-SON	1986	VA-SCHAKT	FU	EXPL	5 M²	-	-	Risk fanns att de planerade arbetena kunde beröra lämningar från Anderslövs medeltida by. Två provgropar (1x2 m och 1x3 m) grävdes utmed ledningsschaktet. Några medeltida lämningar påträffades ej.	
SK	FJÄLK-INGE	FJÄLK-INGE 28:16		SKÅNES HEM-BYGDS-FÖRB	AVA ARVIDS-SON	1986	NYBYGG-NATION	FU	EXPL	37 LÖPM	-	-	Området ligger inom den det medeltida byområdet. Med maskin upptogs två schakt 0,9 m breda och ca 25 rep 12 m långa. Inget av arkeologiskt intresse framkom. Eventuella lämningar har blivit störda vid tidigare exploatering.	

LANDSKAP	SOCKEN	PLATS	RAÄ NR	INSTITUTION	GRÄVNINGSLEDARE	UNDERS ÅR	EXPLOATERAT	UNDERSÖKNTYP	UNDERSÖKNART	UNDERSÖKT YTA	FYND	DATERING	BESKRIVNING	ANM
SK	HÄRSLÖV	HÄRSLÖV 17:1		UV SYD	LASSE WALLIN	1986	VA-LEDNINGAR	FU	EXPL		-	-	Exploateringsområdet förmodades beröra delar av Härslövs medeltida by eller en föregångare till den. Ledningen skulle passera norr om kyrkan på ett avstånd av 100-300 m i ett område som har höga fosfatvärden. En 1700-tals karta visar ung samma utbredning av byn öster om kyrkan som dagens kartbild. Med maskin grävdes fem schakt. Inga spår av mänsklig aktivitet påträffades.	
SK	SILVÅKRA	SILVÅKRA 10:1		UV SYD	LASSE WALLIN	1986	VA-SCHAKT	FU	EXPL		KER, JÄRNFÖREM, BRYNEN M M	STÅ, VIK-1800-TAL	Området är beläget i den sydöstra delen av Silvåkra by. Silvåkra kyrka är troligen uppförd under 1100-talets senare del och byn bör vara minst lika gammal. Det grävdes 12 provschakt på den ca 240 m långa sträckan. Fyndmaterialet dominerades av 17-1800-talskeramik. På en kort sträcka, ca 10 m, fanns även fyndmaterial från tid och hög medeltid, men inga konstruktioner.	
SK	BRUNNBY	FJÄLASTORP 6:1 MFL		UV SYD	ANDERS LÖFGREN	1987	GOLFBANA	FU	EXPL		KERAMIK M M	STÅ, BRÅ, JÄÄ	Sju boplatslämningar omfattades av förundersökningen (fornl 199-200, 202-205, 291). Boplatser från jää var fornl 204 och 205. Metodiken vid undersökningen var att genom maskinavbaning undersöka de platser som noterats vid inventeringen och fastställa de ev boplatsernas karaktär och utsträckning. En av de berörda boplatserna var ett historiskt känt gårdsläge, Fjälastorp.	
SK	BRÅGARP	BRÅGARP 6:1		UV SYD	ANDERS LÖFGREN	1987	NYBYGGNATION	FU	EXPL	30 LÖPM	-	-	Området ligger nordost om Bågarps kyrka. Bågarps by har, enl kartmaterial fr 1780, täckt de västra partierna av undersökningsytan. Tre st 30 m långa schakt grävdes med maskin. Endast en härd framkom. Fyra mindre schakt på sammanlagt 30 m grävdes inom det förmodade bylaget. Fler recenta gropar med djurben påträffades. Inga medeltida lämningar framkom. Området var sannolikt nedschaktat.	
SK	KYRKHEDDINGE	KYRKHEDDINGE 8:37		UV SYD	LEIFH STENHOLM	1987	NYBYGGNATION	FU	EXPL	720 LÖPM	KERAMIK	FÖRHIST	Områdets östdel ingår i bytomten före skiftet. Åtta schakt, ca 2 m breda, grävdes. I norr framkom tre härdar och en diffus grop. Två av dessa innehöll förhistorisk keramik. I nordöst påträffades enstaka gropar med tegelflis.	FLER FASTIGH INBEGR
SK	KÄVLINGE	KV BENGT 3 MFL		UV SYD	BENGT JACOBSSON	1987	NYBYGGNATION	FU	EXPL	68 LÖPM	-	-	Området var beläget inom Kävlinge gamla bytomt, 100-200 m nordost om Kävlinge gamla kyrka. Det har inte varit bebyggt i modern tid. Sex provschakt grävdes med maskin. Ett 20-tal gropar och stolphål framkom inom en begränsad yta, sannolikt moderna. Inga spår av medeltida eller förhistoriska aktiviteter kunde konstateras.	
SK	MALMÖ	BÅGSKYTTEN	48	MALMÖ MUSEER	JÖRGEN KLING	1987	HUSBYGGNATION	FU	EXPL	450 LÖPM	ÄLDRE RÖDGODS, AII-GODS	VIK, MED, FÖRE 1850	Förundersökning på Glosstorps medeltida byområde. Tretton schakt grävdes med maskin. Det visade sig att stora delar av den tidigare bebyggelsen är bevarad. Överst fanns grundstenar och golvlager fr 16-1700-tal,under dessa lager medeltida keramik fr 1300-tal samt i de nedersta lagret AII-gods fr 1000-tal.	

LANDSKAP	SOCKEN	PLATS	RAÄ NR	INSTITUTION	GRÄVNINGSLEDARE	UNDERS ÅR	EXPLOATERAT	UNDERSÖKN-TYP	UNDERSÖKN-ART	UNDERSÖKT YTA	FYND	DATERING	BESKRIVNING	ANM
SK	MÖRARP	SKÄNKEN 3		UV SYD	ANDERS LÖFGREN	1987	NYBYGGNATION	FU	EXPL	116 LÖPM	-	-	Området ligger öster om Mörarps kyrka och är ett historiskt känt gårdsläge. Två byggnader med anor från 1600-talet har rivits för att ge plats åt den nya bebyggelsen. Vid undersökningen grävdes sex schakt med maskin. Inga spår av äldre beyggelse eller verksamhet kudne konstateras vid undersökningen.	
SK	SVEDAL	SVEDALA 63:4	91	UV SYD	ANDERS LÖFGREN	1987	NYBYGGNATION	FU	EXPL	8 LÖPM	-	-	Området omfattade 200 m² beläget 25 m öster om kyrkan. Förhöjda fosfatvärden och äldre kartor indikerade att lämningar efter Stora Svedala gamla bytomt kunde beröras av exploateringen. Två schakt 1,6x4 m stora grävdes med maskin. Inga kulturlager, fynd eller äldre lämningar kund konstateras.	
SK	ALLERUM	LARÖD 55:1 MFL	172 B	UV SYD	ANDERS LÖFGREN	1988	NYBYGGNATION	FU	EXPL	275 LÖPM	STENGODS, RÖDGODS M M	16/1700-1800-TALEN	En förundersökning inom en registrerad bytomt. Sex provschakt grävdes inom bytomtens kända gränser. I fem av schakten kom endast sentida anläggningar. I ett schakt framkom rester av en äldre gårdsanläggning som syllstenar, bränd lerklining och brandlager. Schaktet breddades här för att få en bättre datering och en 30 m² stor yta grävdes för hand. Inga spår av medeltida bebyggelse framkom.	
SK	FÄRLÖV	BJÄRLÖV 17:11, 17:22		KRISTIANSTAD LÄNS MU	BERTIL HELGESSON	1988	NYBYGGNATION	FU	EXPL	80 LÖPM	-	-	En provundersökning inom ett område i närheten av fasta fornlämningar och Bjärlöv medeltida by. Provschakten med en sammanlagd längd av 80 m grävdes. Inget av antikvariskt intresse noterades.	
SK	HELSINGBORG	RAMLÖSA 7:1	203	UV SYD	ANDERS LÖFGREN	1988	KYRKOGÅRD	FU	EXPL	354 LÖPM	ÄLD SVARTGODS, ÄLD RÖDGODS M M	VIK/TID MEDHÖGMED	Förundersökningen koncentrerades till ett gräsbevuxet ca 13 000 m² stort område med förhöjda fosfatområden inom området för Raus medeltida by. Sex schakt grävdes. Ett av schakten vidgades då rester av en by eller gårdstomt påträffades. Ett grophus rensades här fram. I en annan del av schaktet frilades en vägg av ett tidigmedeltida hus. Den äldsta bebyggelsen ligger sålunda ca 40 m norr om kyrkan.	
SK	HÖRBY	SLAGTOFTA GÅRD	81	UV SYD	BENGT SÖDERBERG	1988	INDUTRIOMRÅDE	FU	EXPL	340 LÖPM	KERAMIK	YBRÅ (?), 1600-1850	Inom exploateringsområdet ligger delar av Slagtofta medeltida bytomt. Äldsta omnämnande av byn är från år 1465. Enligt skifteskartan från 1833 var byplatsen ca 200x200 m stor och bebyggd med sju gårdar. Elva sökschakt banades av. Lämningar i form av omrörda stenanhopningar och gropar framkom. Då inga kulurlager eller rester av medeltida bebyggelse framkom bör den medeltida bebyggelsen sökas i västra delen av byn.	LÖPM TOTALT FÖRUND?
SK	LÖDDEKÖPINGE	LÖDDEKÖPINGE 90:1	69	UV SYD	ROBERT B NAGMER	1988	NYBYGGNATION	FU	EXPL	1360 LÖPM	SLAGEN FLINTA	JÄRNÅLDER?	Det undersökta området tangerade i väst Löddeköpinge bytomt (fornl 69). Sammanlagt 11 schakt togs upp med maskin. Ett fyrtiotal anläggningar (gropar, stolphål, härdar) påträffades, koncentrerade till två områden.	

LANDSKAP	SOCKEN	PLATS	RAÄ NR	INSTITUTION	GRÄVNINGSLEDARE	UNDERS ÅR	EXPLOATERAT	UNDERSÖKN-TYP	UNDERSÖKN-ART	UNDERSÖKT YTA	FYND	DATERING	BESKRIVNING	ANM
SK	TIRUP	UTMED VÄG 1208	4	UV SYD	BENGT SÖDERBERG	1988	VÄGBYGGE	FU	EXPL	200 LÖPM	YNGRE RÖDGODS	1600-1880-TALEN	Vägen löper genom Tirups gamla bytomt (fornl 4). Det äldsta skriftliga belägget för Tirups by är från år 1339. Bytomten utgör en långsmal ägofigur. På bytomten påträffades syllstenar efter en byggnad och två avfallsgropar.	LÖPM FÖR HELA FÖRUND
SK	BILLEBERGA	BILLEBERGA 10:34	27 MFL	UV SYD	STEFAN KRIIG	1989	HUSBYGGNATION	FU	EXPL	532 LÖPM	YNGRE RÖDGODS M M	STÅ, 16-1700-TAL	Området är beläget i åkermark. En stenåldersboplats (fornl 8) överlappas i sin östra del av en medeltida bytomt (fornl 27). Med maskin grävdes sex schakt med en total längd av 532 m. I två schakt framkom rester efter en nyligen riven 1600-tals gård.	
SK	HAMMARLÖV	HAMMARLÖV 19:29	38, 47	UV SYD	SONJA WIGREN	1989	NYBYGGNATION	FU	EXPL	54 LÖPM	KERAMIK SKÄRVA, KRITPIPSSKAFT M M	NYARE TID	I utkanten av en medeltida bytomt gjordes en förundersökning. Fyra schakt grävdes. I leran framkom fyra stora nedgrävningar, en härd och ett osäkert stolphål.	
SK	HUSIE	WANNA GÅRDEN	21	MALMÖ MUSEER	RAIMOND THÖRN	1989	NYBYGGNATION	FU	EXPL		KAKEL, KERAMIK, TEGEL	TID MED-NYARE TID	Exploateringen antogs beröra Östra Skrävlinge medeltida bytomt. Bytomtens utbredning inom exploateringsområdet kunde bestämmas. En tidig medeltida fas fanns representerad i form av stolphål och kulturlager inom två gårdskomplex. En högmedeltida fas indikerades av keramikfynd. Senmed/eftermed representeras av bebyggelsekonstruktioner.	
SK	HÄRSLÖV	HÄRSLÖV 35:37	69	UV SYD	STEFAN KRIIG	1989	NYBYGGNATION	FU	EXPL	45 LÖPM	YNGRE RÖDGODS, STENGODS	15-1600-TAL	Fastigheten är centralt belägen inom Härslövs medeltida bytomt, ca 25 m söder om kyrkan. Med maskin grävdes fem schakt. I ett av schakten påträffades en knadderstensyta, lagd direkt på steril botten. Denna kan fyndmässigt dateras till 15-1600-tal. I övrigt kunde inga spår av ädre verksamhet eller bebyggelse konstateras.	
SK	KYRKOKÖPINGE	KYRKOKÖPINGE 16:9	5	UV SYD	BENGT JACOBSSON	1989	NYBYGGNATION	FU	EXPL	15 LÖPM	-	-	En förundersökning inom Kyrkoköpinge gamla bytomt (fornl 5). På platsen för det planerade huset grävdes ett 1 m brett schakt. Inga fynd eller anläggningar påträffades.	
SK	LÖDDEKÖPINGE	LÖDDEKÖPINGE 37:15	69	UV SYD	BENGT SÖDERBERG	1989	PARKERINGSPLATS	FU	EXPL	50 LÖPM	KERAMIK, SLAGG, DJURBEN	JÄRNÅLDER	Ett drygt 600 m² stort område berördes. Platsen är centralt belägen inom den medeltida bytomten (fornl 69). Fem 1,5 m breda schakt maskingrävdes. Omfattande utschaktningar konstaterades i områdets västra del. I övrigt befanns ytan till största delen vara störd av sentida aktiviteter. Två rännor, daterade till 16-1700-tal, samt fem förhistoriska stophål framkom.	
SK	S:T IBB	TUNA BY 13:22 MFL	65	UV SYD	ANDERS LÖFGREN	1989	NYBYGGNATION	FU	EXPL		ÄLDRE SVARTGODS, STENGODS M M	BRÅ,TID MED-1805	Området ligger inom gamla Tuna by. Ortnamnet har anor ned i vikingatid. På den äldsta kartan över Ven (1596) finns ett tjugotal gårdar markerade inom den gamla bykärnan. Efter enskiftet år 1805, då de flesta gårdarna flyttades ut från byn, har området brukats som åkermark. Vid förundersökningen påträffades nio av de utflyttade husen.	

LANDSKAP	SOCKEN	PLATS	RAÄ NR	INSTITUTION	GRÄVNINGSLEDARE	UNDERS ÅR	EXPLOATERAT	UNDERSÖKNTYP	UNDERSÖKNART	UNDERSÖKT YTA	FYND	DATERING	BESKRIVNING	ANM
SK	SÖDRA ÅKARP	VÄSTRA GREVIE 27:2	8,23	UV SYD	TORSTENSDOTTER ÅHLIN	1989	GOLFBANA	FU	EXPL		KERAMIK M M	STÅ, BRÅ, JÄÅ, TID MED	Område 5 ligger i anslutning till Västra Grevie by och uppvisar förhöjda fosfatvärden. Spekulationer om att Västra Grevie by skulle kunna följas ned i medeltid blev inte bekräftade, men kan ej heller förkastas. Lösfynd av en sländtrissa i sandsten ger en antydan om att boplatsen utnyttjats under yngre järnålder/tidig medeltid. Ett åttiotal anläggningar framkom och fyndmaterialet utgörs av keramik.	FLER FASTIGH INBEGR
SK	UPPÅKRA	STORA UPPÅKRA 3:17	5:5	UV SYD	TORSTENSDOTTER ÅHLIN	1989	NYBYGGNATION	FU	EXPL		SENTIDA KERAMIK MM	16-1700-TAL	Det undersökta området ligger på en mindre platå, inom fornl 5:5, Stora Uppåkra bytomt. Strax söder om bytomten ligger en boplats med omfattande kulturlager från järnålder. Fyra schakt grävdes med maskin. De lämningar som framkom utgjordes av sentida bebyggelserester i form av ett tunt brandlager.	
SK	BOSJÖ KLOSTER	BOSJÖ KLOSTER 1:310	66 MFL	UV SYD	MARGARETA OLSSON	1990	VA-LEDNING	FU	EXPL	105 LÖPM	-	STÅ	Två registrerade fornlämningar berördes: en stenåldersboplats och delar av Boo bys bytomt (fornl 66). Med maskin upptogs fem sökschakt. Inga anläggningar eller fynd framkom som kunde knytas till Boo bytomt.	
SK	FJELIE	FJELIE 10:19	45	UV SYD	ANDERS LÖFGREN	1990	NYBYGGNATION	FU	EXPL	55 LÖPM	KERAMIK-16-1700-TAL	NYARE TID	Området ligger norr om Fjelie kyrka. Undersökningsytan har enl det äldre kartmaterialet legat obebyggt. Två schakt, drygt 40 m långt resp 15 m långt, grävdes med maskin. Inga kulturlager, anläggningar eller äldre fynd kunde konstateras i schaktet.	
SK	FRILLESTAD	FRILLESTAD 18:13	21G	UV SYD	ROBERT B NAGMER	1990	NATURGAS	FU	EXPL	340 LÖPM	KOL	FÖRHIST TID	Delar av fornl 21G, en bytomt, undersöktes. Med grävmaskin grävdes ett 1,60 m brett schakt genom fornlämningens norra del. I höjd med Brunnsgården påträffades 6 härdar med fyllning av sotig, siltig morän. Anläggningarna kan dateras till förhistorisk tid utan någon periodindelning. Inga fynd eller konstruktioner av medeltida karaktär påträffades.	FLER FASTIGH INBEGR
SK	GÅRDSTÅNGA	GÅRDSTÅNGA 15:1	14	UV SYD	BENGT SÖDERBERG	1990	LEDNINGSDRAGNING	FU	EXPL	200 LÖPM	KERAMIK-AIV, BII:4, FAJANS	VIK-TID MED, NYARE TID	Förundersökningen föranleddes av en kabelnedläggning inom Gårdstånga gamla bytomt. Det äldsta belägget härrör från 1000-talet på en runsten. Gårdstånga anses vara kronogods och finns omnämnt 1230. Schaktet var 1 m brett och 0,70 m djupt och grävdes inte ned till steril nivå. Enstaka gropar och stolphål framkom samt huslämningar från 1700-talet.	
SK	GÅRDSTÅNGA	GÅRDSTÅNGA 15:1 MFL	14	UV SYD	BENGT SÖDERBERG	1990	NYBYGGNATION	FU	EXPL	50 LÖPM	-	-	Gårdstånga gamla bytomt berördes. Vid tidigare undersökningar på bytomten har bl a omfattande bebyggelselämningar från perioden ca 1000-1200 framkommit. Dessa kan sättas i samband med ortens funktion som Kungalev under medeltid. Med grävmaskin banades ett schakt. Inga fynd eller anläggningar framkom.	

LAND-SKAP	SOCKEN	PLATS	RAÄ NR	INSTITU-TION	GRÄV-NINGS-LEDARE	UN-DERS ÅR	EXPLOA-TERAT	UNDER-SÖKN-TYP	UNDER-SÖKN-ART	UNDER-SÖKT YTA	FYND	DATE-RING	BESKRIVNING	ANM
SK	HÖRBY	SLAG-TOFTA	81	UV SYD	BENGT SÖDER-BERG	1990	NYBYGG-NATION	FU	EXPL	70 LÖPM	YNGRE RÖD-GODS, TEGEL M M	NYARE TID	Delar av Slagtofta gamla bytomt berördes. Äldsta omnämnande av byn är från 1465. Enl skifteskartan från 1833 fanns sju gårdar. Vid tidigare undersökningar på bytomten har enstaka förhistoriska boplatslämningar påträffats, liksom bebyggelselämningar från nyare tid. Fyra provgropar grävdes på gårdsplanen och tre schakt strax norr om gården. Endast nyare tids lämningar framkom.	
SK	KROPP	BJÖRKA 17:1 MFL	44	UV SYD	ANDERS LÖFGREN	1990	VA-LED-NING	FU	EXPL		-	NYARE TID	Schaktet passerade Björka gamla bytomt (fornl 44). Vid en efterbesiktning av arbetet kunde inga lämningar eller kulturlager skönjas. Norr om bytomten låg en stenläggning. Denna har utgjort gårdsplan till en sentida, nu riven gård.	
SK	RÄNG	KÄM-PINGE 6:110	34	UV SYD	STEFAN KRIIG	1990	NYBYGG-NATION	FU	EXPL		-	-	Området är beläget i södra delen av Kämpinge gamla bytomt (fornl 34). Enl äldre kartmaterial (1570) fanns vid den tiden sjutton gårdar i byn och senare finns tretton går-dar markerade (1699). Inom by-tomten har tidigare enstaka löfynd påträffats. Två schakt grävdes med maskin, för att konstatera kultur-lagertjocklek och karaktär inom området. Inga spår av äldre bebyggelse kunde konstateras.	
SK	SÄRSLÖV	SÄRSLÖV 1:5	26	UV SYD	SONJA WIGREN	1990	VÄG-BYGGE	FU	EXPL		-	-	Området är beläget inom Särslövs gamla bytomt (fornl 26) omedelbart sydväst om kyrkan. Med maskin drogs två schakt. Inga fornlämningar påträffades.	
SK	V INGEL-STAD	INGEL-STAD 5:32 MFL	20	UV SYD	LASSE WALLIN	1990	NYBYGG-NATION	FU	EXPL		KERAMIK	NYARE TID, 1700-T	Området är beläget inom Västra Ingelstads medeltida bytomt, ca 100 m sydväst om kyrkan. Med maskin grävdes fyra schakt. Endast bebyggelselämningar från 1700-tal framkom.	
SK	VELL-INGE	KV MÅSEN 13,14	17	UV SYD	BENGT SÖDER-BERG	1990	NYBYGG-NATION	FU	EXPL	40 LÖPM	-	-	Tomten är belägen i östra utkanten av Vellinge bytomt, enl kartan från 1770. Under 1570-tal framstår Vellinge med 36 gårdar. Vid ar-keologiska undersökningar på by-tomten har såväl förhistoriska som medeltida lämningar dokumente-rats. Det visade sig att utschakt-ningar för senare byggnationer hade spolierat eventuella lämningar av äldre bebyggelse.	
SK	VELL-INGE	KV SKOLAN	17	UV SYD	LASSE WALLIN	1990	NYBYGG-NATION	FU	EXPL		ÄLDRE SVART-GODS M M	VIK/TID MED, NY TID	Planområdet är beläget inom Vellinge medeltida bytomt. Med maskin grävdes fem schakt. Här framkom byggnadslämningar från eftermedeltid samt senvik/tidmed anläggningar i form av nedgrävningar.	
SK	ÖSTRA HOBY	KVARN-BY 15:5A		KRIS-TIAN-STAD LÄNS MU	TONY BJÖRK	1990	NYBYGG-NATION	FU	EXPL	225 LÖPM	-	-	Kvarnby 15:5 är belägen i direkt anslutning till den gamla bykärnan i Skillinge och exploateringen riskerade att beröra medeltida lämningar. Dessutom är Skillinge rikt på förhistoriska lämningar. Vid förundersökningen banades matjord av med maskin i fyra sökschakt. Inget av arkeologiskt intresse påträffades.	

LAND-SKAP	SOCKEN	PLATS	RAÄ NR	INSTITU-TION	GRÄV-NINGS-LEDARE	UN-DERS ÅR	EXPLOA-TERAT	UNDER-SÖKN-TYP	UNDER-SÖKN-ART	UNDER-SÖKT YTA	FYND	DATE-RING	BESKRIVNING	ANM
SK	BARA	BARA 9:1	45	UV SYD	STEFAN KRIIG	1991	NYBYGG-NATION	FU	EXPL	11 LÖPM	ÄLDRE/ YNGRE RÖDGODS M M	13-1700-TAL	Fastigheten är centralt belägen inom Bara medeltida bytomt. Bara omnämns första gången 1283. Enl muntliga uppgifter har mynt och äldre keramik påträffats vid markarbeten inom byn. Ett provschakt maskingrävdes. Ovan den sterila bottenleran fanns ett magert kulturlager med en tjocklek på 0,50-0,60 m. I lagret påträffades enstaka djurben samt en skärva äldre rödgods.	
SK	FLEN-INGE	KV MALM-ÅN 2, ÖDÅKRA	75	UV SYD	BENGT SÖDER-BERG	1991	NYBYGG-NATION	FU	EXPL	140 LÖPM	STEN-GODS, ÄLDRE RÖDGODS M M	SENMED-NYARE TID	Till största delen ligger ytan innanför den sydöstra delen av Ödåkras tudelade bytomt. Byn finns omnämnd redan 1524. Schakten maskingrävdes. Över nästan hela ytan fanns kraftiga raseringslager och en del omrörda stengrunder. I ett område framkom klar stratigrafi med ett delvis omrört kulturlager i botten till vilket stophål och gropar kunde knytas. I dessa anläggningar framkom keramik.	
SK	HEL-SING-BORG	FILBORN A	226	UV SYD	BENGT SÖDER-BERG	1991	NYBYGG-NATION	FU	EXPL	260 LÖPM	KERAMIK TYP AII	10-1100-TAL	Området är beläget inom Filborna gamla bytomt (fornl 226). Begränsningen är gjord utifrån 1816-25 års karta. 260 löpmeter schakt maskingrävdes. Här framkom två ytor med gropar, härdar och stolphål i en flack sydsluttning. De påträffade bebyggelselämningarna kan hänföras till den period då byarna blir platsbundna, på de historiskt kända bylägena.	
SK	HYLLIE	BY-HORNS-GRÄND	20	MALMÖ MUSEER	HÅKAN ASSARS-SON	1991	VÄG-BYGGE	FU	EXPL	75 LÖPM	SVART-GODS, STEN-GODS M M	TIDIG MED-NYARE TID	Inom Hyllie bys medeltida gränser gjordes en förundersökning. Utmed hela sträckan grävdes ett sökschakt. I schaktet påträffades ett 20-tal anläggningar som stolphål, gropar, rännor, lerlager, stenpackning mm vilka kan dateras till tidig medeltid-nyare tid.	
SK	HYLLIE	ÅLDER-MAN-NEN 12	20	MALMÖ MUSEER	HÅKAN ASSARS-SON	1991	NYBYGG-NATION	FU	EXPL	155 m2	SVART-GODS, DJURBEN	TIDIG MED-NYARE TID	Inom det medeltida byområdet gjordes en förundersökning. Inom den 15x8 m stora ytan påträffades tidigmedeltida anläggningar i form av stolphål, avfallsgropar och rännor. Dessutom undersöktes sentida huslämningar bestående av syllstenar, solphål och lerlager so kan dateras till 17-1800-talen.	
SK	OXIE	TOARP 5:6	39	MALMÖ MUSEER	THOMAS ANDERS-SON	1991	NYBYGG-NATION	FU	EXPL		KERAMIK M M	BRÅ, JÄÅ, VIK	Vid utredningen var förekomsten av anläggningar i området närmast lämningarna av den medeltida byn Toarp särskilt intressant. Vid förundersökningen uppschaktades en större yta i anslutning till utredningsschakten. I denna framkom, förutom ytterligare härdar och stophål, ett kulturlager, som fortsatte in i den medeltida byn. I kulturlagret kom vendisk keramik.	
SK	UPPÅKRA	HJÄRUP 18:2	26	UV SYD	STEFAN KRIIG	1991	NYBYGG-NATION	FU	EXPL	458 LÖPM	-	-	Västra delen av det aktuella området är beläget inom Hjärups gamla bytomt (fornl 26). Vid en tidigare utförd undersökning i bytomtens södra delar framkom bebyggelselämningar från 1000-1700-talen. Det grävdes 15 schakt grävdes med maskin, för att konstatera kulturlagertjocklek och karaktär inom området. Inga spår av äldre bebyggelse framkom.	

LAND-SKAP	SOCKEN	PLATS	RAÄ NR	INSTITU-TION	GRÄV-NINGS-LEDARE	UN-DERS ÅR	EXPLOA-TERAT	UNDER-SÖKN-TYP	UNDER-SÖKN-ART	UNDER-SÖKT YTA	FYND	DATE-RING	BESKRIVNING	ANM
SK	BALK-ÅKRA	BALK-ÅKRA	46	LANDS-ANT I M-LÄN	PETTER JANSSON	1992	LED-NINGS-DRAG-NING	FU	EXPL	600 LÖPM	A-GODS, RÖDGODS M M	11-1800-TAL	Balkåkra finns omnämnt för första gången i skrift år 1366. Byn ligger i anslutning till den medeltida kyrkan. Ledningsschaktet maskingrävdes i byns östra och centrala delar som ett 1,0 m brett och 1,2 m djupt schakt. Förundersökningen genomfördes dels genom avbaning, dels gnom kontroll av schakt. Kulturlager och anläggningar framkom.	
SK	BJÄRESJÖ	BJÄRESJÖ	51 MFL	LANDS-ANT I M-LÄN	PETTER JANSSON	1992	LED-NINGS-DRAG-NING	FU	EXPL	600 LÖPM	YNGRE RÖDGODS	ODAT, 16-1800-T	Ledningen berörde norra och östra delen av Bjäresjö medeltida bytomt (fornl 51). Ystadprojektet har tidigare provgrävt i bytomten. Ett schakt maskingrävdes (0,1 m brett och 1,2 m djupt). Undersökningen genomfördes dels genom avbaning, dels genom kontroll av schakt. I bytomtens östra del påträffades rester av en husgrund i sten med tillhörande 0,4-0,5 m tjockt kultulager.	
SK	BJÄRESJÖ	BJÄRESJÖ 28:1	51 MFL	LANDS-ANT I M-LÄN	PETTER JANSSON	1992	LED-NINGS-DRAG-NING	FU	EXPL	200 LÖPM	A-GODS	JÄÅ-EFTER 1850	Ledningen berörde östra delen av Bjäresjö medeltida bytomt (fornl 51) samt västra delen av en sten- och järnåldersboplats. Ystadprojektet har tidigare provgrävt i området. Ett 0,5-1 m brett schakt maskingrävdes. I schaktet öster om gården syntes fläckvis mycket tunna kulturlagerrester direkt på steril mark. Dessutom framkom 3 st härdar.	
SK	BJÄRESJÖ	GUNDRA LÖVS BYTOMT	69	LANDS-ANT I M-LÄN	PETTER JANSSON	1992	LED-NINGS-DRAG-NING	FU	EXPL	200 LÖPM	TEGEL, YNGRE RÖDGODS	16-1800-TAL	Ledningen berörde västra delen av Gundralövs bytomt (fornl 69). Gundralöv finns från 1360-talet belagt som riddarsäte. Byn som år 1632 bestod av 13 gårdar är idag helt försvunnen. I bytomtens norra del grävdes ett 1,0 m brett schakt. Undersökningen utfördes genom dels avbaning, dels kontroll av schakt. Inom bytomten framkom rester av tre separata anläggningar/gårdar.	
SK	FLÄDIE MFL	FLÄDIE BY MFL	37 MFL	UV SYD	ANDERS LÖFGREN	1992	TELE-LEDNING	FU	EXPL	400 LÖPM	STEN-GODS, RÖDGODS M M	1300-T, 1500-1800-T	En förundersökning i form av schaktningsövervakning utfördes bl a på fornl 37, Flädie bytomt. Den nordvästra delen av tomten skulle beröras av ca 400 m schakt. Schaktet var endast 0,5 m brett. En genomgång av äldre kartor visar att bebyggelsen innan enskiftet 1806-07 till största delen varit belägen söder och öster om kyrkan. Anläggningar och medeltida kulturlager framkom.	
SK	HEDE-SKOGA	-	35	LANDS-ANT I M-LÄN	PETTER JANSSON	1992	LED-NINGS-DRAG-NING	FU	EXPL	100 LÖPM	DJURBEN	16-1800-TAL	Byn finns inte belagd i medeltida källmaterial. Bebyggelsen är grupperad kring den romanska kyrkan. Vid en arkeologisk undersökning strax sydost om bytomten 1979 påträffades spridda anläggningar med tidigaste fynd daterat till romersk järnålder. Ett 0,6-1,0 m brett schakt maskingrävdes. Förundersökningen genomfördes som schaktkontroll. Schakten berörde endast omrörda kulturlager.	

LANDSKAP	SOCKEN	PLATS	RAÄ NR	INSTITUTION	GRÄVNINGSLEDARE	UNDERS ÅR	EXPLOATERAT	UNDERSÖKN-TYP	UNDERSÖKN-ART	UNDERSÖKT YTA	FYND	DATERING	BESKRIVNING	ANM
SK	HELSINGBORG	FILBORNA	226	UV SYD	BENGT SÖDERBERG	1992	FJÄRRVÄRME	FU	EXPL	300 LÖPM	ÄLDRE SVARTGODS, YNGRE RÖDGODS	BRÅ, TID MED, NYARE TID	Filborna by berördes. Vid en tidigare förundersökning, på en centralt belägen toft inom bytomten, framkom huvudsakligen spår efter tidigmedeltida bebyggelse. På den 300 m långa sträckan (3 m brett) berördes tre gårdar (enl 1704 års karta). På alla tre gårdarna förekom kombinationen tidig medeltid och nyare tid, men ingen hög- och senmedeltid framkom.	
SK	KIABY	KIABY 27:2	31,39	KRISTIANSTAD LÄNS MU	TONY BJÖRK	1992	NYBYGGNATION	FU	EXPL	535 LÖPM	ÄLDRE OCH YNGRE SVARTGODS M M	ST/BÅ, JÄÅ, VIK-NY TID	Fastigheten är belägen intill bl a den historiska bytomten (ej registrerad). Sju schakt grävdes. I samtliga påträffades kulturlager och anläggningar. Anläggningarna utgjordes av grophus, stolphål, härdar, gropar. Tre olika kulturlager kan urskiljas stratigrafiskt, och preliminärt dateras till stå, vik-tidig medeltid och senmedeltid-nyare tid.	
SK	LOMMA	ALNARP GAMLEGÅRD		UV SYD	MARTIN HANSSON	1992	LEDNINGSDRAGNING	FU	EXPL	65 LÖPM	BULTLÅSNYCKEL, TEGEL	MEDELTID	Alnarp omnämns första gången på 1300-tal, då som sätesgård för en riddare. Idag ligger lantbruksuniversitetet här. Ett schakt (65 m) hade grävts utifrån en av längorna. Schaktet var ställvis grävt ner till steril botten. Ett raseringslager framkom. Lagret var äldre än Gamlegården och bultlåsnyckeln visar att en större medeltida tegelbyggnad, troligtvis den medeltida huvudgården, stått här.	
SK	MÖRARP	MÖRARP 4:2	32	UV SYD	ANDERS LÖFGREN	1992	NYBYGGNATION	FU	EXPL	70 LÖPM	YNGRE RÖDGODS M M	17-1900-TAL	Den västra delen av Mörarps gamla bytomt (fornl 32) berördes. Ett schakt grävdes. Här framkom två stora gropar, en ränna och en syllsten. Enstaka keramikskärvor daterar syllstenen till 17/1800-tal. Ytterligare två odaterade stolphål och flera sentida dräneringar dokumenterades. Ytterligare två schakt grävdes utan att något av arkeologiskt intresse påträffades.	
SK	RÄNG	KÄMPINGE 5:14	34	UV SYD	BENGT SÖDERBERG	1992	NYBYGGNATION	FU	EXPL	10 LÖPM	-	MEDELTID?	En förundersökning utfördes inom Kämpinge gamla bytomt (fornl 34). Ett 10 x 4 m brett schakt grävdes. Här framkom tre stolphål, en ränna och en grop samt ett "odlingslager" med sot, bränd lera och djurben. Lämningarnas karaktär tyder på en medeltida datering av anläggningarna. Ytan tolkas som en gårdstäppa invid den medeltida bebyggelsen.	
SK	ST HERRESTAD	ST HERRESTAD 64:7	111	UV SYD	MARTIN HANSSON	1992	NYBYGGNATION	FU	EXPL	120 LÖPM	A-GODS, B-GODS M M	STÅ, MED, NYARE TID	En förundersökning inom St Herrestads medeltida bytomt utfördes. St Herrestad omnämns redan 1085, då den danske kungen skänkte sitt gods i byn till domkyrkan i Lund. Från 1300-talet finns belägg för en medeltida huvudgård i byn. Bytomtens gränser är inprickade efter 1704 års karta. Sju schakt grävdes. Anläggningar i form av gropar och stolphål samt ett kulturlager framkom.	FLER FASTIGH INBEGR

LAND-SKAP	SOCKEN	PLATS	RAÄ NR	INSTITU-TION	GRÄV-NINGS-LEDARE	UN-DERS ÅR	EXPLOA-TERAT	UNDER-SÖKN-TYP	UNDER-SÖKN-ART	UNDER-SÖKT YTA	FYND	DATE-RING	BESKRIVNING	ANM
SK	STORA RÅBY	STORA RÅBY BYAVÄG	10	UV SYD	STEFAN KRIIG	1992	VA-LED-NING	FU	EXPL		-	NYARE TID	Markarbetena berörde delvis Stora Råby medeltida bytomt (fornl 10). Inom bytomten, med dess centralt placerade 1200-tals kyrka, har inga arkeologiska undersökningar utförts. Då Va-schaktet till stora delar följde äldre rörschakt för gas, framkom endast recenta fyllnadsmassor.	
SK	V TOM-MARP	TOM-MARPS BY	27	UV SYD	MARTIN HANSSON	1992	VA-LED-NING	FU	EXPL	30 LÖPM	BII:2 KERAMIK, TEGEL M M	NYARE TID	Området låg inom V Tommarps gamla bytomt (fornl 27). I skriftliga källmaterial finns uppgifter om att det skulle ha funnits en medeltida sätesgård i byn. På 1570-talet bestod byn av sex gårdar. Med maskin grävdes ett schakt. I schaktet påträffades tre stolphål och fem rännor.	
SK	V TOM-MARP	TÅGARPS DAL 1:2	27	UV SYD	MARTIN HANSSON	1992	NYBYGG-NATION	FU	EXPL	141 LÖPM	-	-	Området var delvis beläget inom inom V Tommarps gamla bytomt (fornl 27). Bytomtens begränsning är bestämd utifrån kartan från år 1784. På 1570-talet fanns sex gårdar i byn. Sju schakt grävdes. I tre schakt fanns enstaka anläggningar som stolphål och rännor.	
SK	VELL-INGE	KV SKO-LAN	17	UV SYD	MARTIN HANSSON	1992	NYBYGG-NATION	FU	EXPL	123 LÖPM	AII-BII:2-G ODS, KAM	VIK-MED -NYARE TID	En förundersökning utfördes inom Vellinge bytomt. På 1776 års karta är större delen av området obebyggt, men norra delen av området berör delvis en av gårdarna. Fem schakt grävdes. Här framkom stolphål, gropar, ett grophus samt antydningar till ett kulturlager. Bebyggelsen verkara ha uppkommit under 10-1100-talen och ha kontinuitet in i medeltid och nyare tid.	
SK	VÄLLUV	VÄLLUV BY	38	UV SYD	ANDERS LÖFGREN	1992	LED-NINGS-DRAG-NING	FU	EXPL	300 LÖPM	RECENT KERAMIK, TEGEL	NYARE TID	Totalt berördes en sträcka av 300 m Välluvs bytomt. År 1986 undersöktes ett vikingatida grophus i nära anslutning. Inga äldre bebyggelselämningar framkom.	
SK	VÄLLUV MFL	LÅNGE-BERGA 3:3 MFL		UV SYD	LASSE WALLIN	1987	GASLED-NING	FU?	EXPL	395 LÖPM	-	-	Ledningen passerade genom Östra Ramlösa bytomts södra utkant. Två schakt av en sammanlagd längd av 95 m grävdes. Inga spår av äldre aktivitet. Dessutom passerade ledningen genom Välluvs bytomts västra utkant. Här grävdes ett 300 m lång schakt. Det framkom endast en härd.	
SK	V SKRÄV-LINGE	ALM-GÅRDEN		MALMÖ MUSEUM	-	1969	NYBYGG-NATION	UN	EXPL		KERAMIK, KAMFRAG M M	YNGRE VIK/TID MED	I samband med schaktningar inom Västra Skrävlinge by påträffades ett kulturlager med ett medeltida fyndmaterial. Undersökningen fortsätter senare.	
SK	FOSIE	HINDBY HAGE		MALMÖ MUSEUM	B SALO-MONSSON	1971	I-DROTTS-PLATS	UN	EXPL		KERAMIK, VÄV-TYNGD, -KAM M M	1000-TAL	Tre gropar och ett kulturlager undersöktes i Hindby by. Kultur-lagret innehöll ett fyndmaterial från 1000-talet medan groparna var från bronsålder.	
SK	HEDE-SKOGA	LILLA TVÄREN		LUHM	AINA MANDAHL	1971	NYBYGG-NATION	UN	EXPL		-	-	En undersökning av den ödelagda byn Lilla Tvären. Endast ett schakt av åtta upptagna hade kulturlager. Det kunde dock ej färdiggrävas på grund av dåligt väder. Det visade sig att platsen för själva byn ligger 100 m längre västerut.	
SK	TYGEL-SJÖ	TRELLE-BORGS-VÄGEN		MALMÖ MUSEUM	GÖRAN BUREN-HULT	1971	MOTOR-VÄG	UN	EXPL		KERAMIK, JÄRNFÖ-REM M M	YNGRE JÄRNÅL-DER	I Tygelsjö by framkom ett antal delvis skadade gropar.	

LANDSKAP	SOCKEN	PLATS	RAÄ NR	INSTITUTION	GRÄVNINGSLEDARE	UNDERS ÅR	EXPLOATERAT	UNDERSÖKN-TYP	UNDERSÖKN-ART	UNDERSÖKT YTA	FYND	DATERING	BESKRIVNING	ANM
SK	FOSIE	KASTANJEGÅRDEN		MALMÖ MUSEUM	B SALOMONSSON	1972	NYBYGGNATION	UN	EXPL		KERAMIK, BRONSKAM M M	VIK-MEDELTID	Ett kulturlager inom Fosie by undersöktes.	
SK	FOSIE	STURUPSVÄGEN		MALMÖ MUSEUM	B SALOMONSSON	1972	NYBYGGNATION	UN	EXPL		BENNÅL, BENKAMMAR M M	BRÅ,VIK, TID MED	En undersökning inom Hindby by av boplatsrester i form av grophus, stensatt golv och trätunna.	
SK	LÖDDEKÖPINGE	FÅRABACKEN		LUNDS HIST MUS	J CALLMER	1972	MARKFÖRBÄTTRING	UN	EXPL		KERAMIK, FLINTA	STÅ-1700-TAL	En större yta täckt av ett ca 0,1 m tjockt kulturlager med fynd från olika bebyggelsefaser undersöktes. Undersökningen fortsätter under 1973.	
SK	LÖDDEKÖPINGE	LÖDDEKÖPINGE 34:36		LUNDS HIST MUS	T OHLSSON	1972	NYBYGGNATION	UN	EXPL		MYNT, KERAMIK M M	800-1200 e Kr	Ett kulturlager och fyra grophus från 800-1200 e Kr frampreparerades. Odlingsspår framkom även i lagergränserna.	
SK	OXIE	FÖRSAMLINGSHEMMET		MALMÖ MUSEUM	B SALOMONSSON	1972	NYBYGGNATION	UN	EXPL		VÄVTYNGD, KERAMIK M M	VIK-MEDELTID	Ett grophus och grop från vikingatid-medeltid undersöktes inom Oxie by.	
SK	OXIE	OXIEGÅRDEN		MALMÖ MUSEUM	B SALOMONSSON	1973		UN	EXPL?		SVARTGODS, TRÄSPADE M M	1000-T, TID MED	Undersökningarna kommer att ge väsentliga upplysningar om det tidigmedeltida Oxie. De undersökta objekten är grophus, gropar, kulturlager, lerlager och andra bebyggelselämningar.	
SK	FOSIE	HINDBY		MALMÖ MUSEUM	B SALOMONSSON	1974	VÄGBYGGE	UN	EXPL		KAMMAR, MYNT, SVARTGODS M M	STÅ, BRÅ, ÄJÄÅ, 1000-T	Denna undersökning är den tredje inom Hindby byplats. Även denna gång framkom bebyggelserester från 1000-tal och ev något tidigare. Även anläggningar från 15-1600-tal undersöktes. Sex grophus, 36 gropar, tio gropsys¤tem, fyra rännsystem, fem härdar och två kulturlager undersöktes.	15-1600-TAL
SK	LÖDDEKÖPINGE	LÖDDEKÖPINGE 63:1		LUHM	T OHLSSON	1974	-	UN	EXPL		VENDISK KERAMIK, KAMMAR M M	800-1200-TAL e Kr	Med anledning av exploatering undersöktes en boplats. Undersökningen ingår som en del av projektet Löddeköpinge under vikingatid och medeltid. 20 anläggningar framkom, däribland elva grophus, i övrigt avfallsgropar samt brunnar från vikingatid och tidig medeltid.	
SK	OXIE	VÄSTRA OXIEGÅRDEN		MALMÖ MUSEUM	B SALOMONSSON	1974	NYBYGGNATION	UN	EXPL		KERAMIK, NYCKEL, SPÄNNE M M	SEN VIK-TID MED	Genom undersökningen har bebyggelserester konstaterats i utkanten av Oxie kyrkby. Här framkom elva grophus, rännor, tre eldstäder samt kulturlager. Huvudparten av materialet kan dateras till 1000-talet. Resterna av medeltida bebyggelse är emellertid sällsynta, däremot förekommer medeltida keramik som lösfynd i kulturlagret.	
SK	TROLLENÄS	GULLARP 5:7 MFL		UV SYD	-	1974	NYBYGGNATION	UN	EXPL		YNGRE SVARTGODS, BEN M M	SENMED-SEN TID	Här framkom rester av en kullerstensanläggning (sentida gårdsplan), vilken visade sig överlagra ett medeltida raseringslager. Raseringslagret var upp till 0,4 m mäktigt och härrör från ett senmedeltida hus med lerklinade väggar.	
SK	TÅSARP	TÅSARP 13:1,8:2		UV SYD	-	1974	GRUSTÄKT	UN	EXPL		JÄRNSLAGG, BRÄNDA BEN M M	BRÅ, TROL MED, EV 1516	Här påträffades ett antal boplatslämningar samt en brandgrav. Boplatslämningarna utgjordes av härdar.	

LANDSKAP	SOCKEN	PLATS	RAÄ NR	INSTITUTION	GRÄVNINGSLEDARE	UNDERS ÅR	EXPLOATERAT	UNDERSÖKN-TYP	UNDERSÖKN-ART	UNDERSÖKT YTA	FYND	DATERING	BESKRIVNING	ANM
SK	ILSTORP	ILSTORP 28:4		UV	-	1975	GRUSTÄKT	UN	EXPL		VENDISKT SVARTGODS, RÖDGODS M M	1000-TAL, 13-1700-TAL	En boplats med grophus, gropar och härdar undersöktes. Undersökningsområdet är beläget i en brant sydsluttning Ö om Ilstorp medeltida kapell. I N delen av det avbanade området fanns svaga rester av raseringslager och nedgrävning med fynd från medeltid t o m 1700-tal. Det äldre kartmaterialet visar att undersökningsområdet är beläget i anslutning till den utskiftade byn.	
SK	ÄSPÖ	ÄSPÖ 1:2		LANDSANT I LUND	B SUNDNER	1975	NYBYGGNATION	UN	EXPL		-	OSÄKER	Nybyggnad vid Äspö prästgård föranledde en undersökning av den gamla byplatsen, varvid lämningar av äldre prästgårdsbyggnader samt kulturlager framkom.	
SK	OXIE	OXIEGÅRDEN		MALMÖ MUSEUM	INGER HÅKANSSON	1975-76	-	UN	EXPL		-	TIDMED, SEN TID	Ett kulturlager med närmare 500 konstruktioner undersöktes. År 1976 gjordes undersökningar närmare kyrkan än tidigare års undersökning. Spåren efter 1000-talsbebyggelsen var här obetydliga, däremot påträffades en tidigmedeltida husrest. Bebyggelselagren från ssen tid var mäktiga.	
SK	FOSIE	"OHLSENS ENKE"		MALMÖ MUSEUM	GÖRAN WINGE	1976	-	UN	EXPL			TID MEDELTID	På grund av exploatering undersöktes en stensättning samt lämningar från en gård tillhörande Fosie by. Här påträffades bl a en brunn med tunna.	
SK	GYLLE	UNDERSTORP		LANDSANTIKV I LUND	LARS ERSGÅRD MFL	1976		UN	FORSK		KERAMIK, KAMMAR M M	TID- OCH HÖGMEDELTID	Del av medeltida boplats undersöktes. Härvid framkom nedgrävningar och en fragmentarisk stensättning.	
SK	OXIE	OXIE KYRKBY		MALMÖ MUSEUM	INGER HÅKANSSON	1976-77	NYBYGGNATION	UN	EXPL		KERAMIK, JÄRNFÖREMÅL M M	TIDIG MEDELTID	En tidigmedeltida kulturlagerbildning med bebyggelserester bl a grophus fr 1000-talet undersöktes.	
SK	FOSIE	BÅTYXAN		MALMÖ MUSEUM	ANDERS REISNERT	1978	NYBYGGNATION	UN	EXPL		SPÄNNE, KERAMIK M M	BRÅ, VIK, MEDELTID	Ett långhus från bronsålder och två medeltida husgrunder har undersökts inom Fosie by.	
SK	FOSIE	FOSIE KYRKA		MALMÖ MUSEUM	NILS BJÖRHEM MFL	1978	LEDNINGSSCHAKT	UN	EXPL		TRÄFÖREMÅL, KAKEL M M	10-1200-TAL, 15-1700	Kulturlager med rännor, brunnar och en härd har undersökts. Undersökningen visade en intensiv aktivitet inom området, fr 10-1800-talet då Fosie by skiftades. Det stora antalet brunnar fr 1000-tal och tidig medeltid talar för att området haft en fast bebyggelse under denna tid.	
SK	SKANÖR STG 75	SKANÖRS LJUNG		LUNDS HIST MUS	MARIT ANGLERT MFL	1979		UN	FORSK		KERAMIK, JÄRNFÖREMÅL M M	ÄLDRE JÄÅ, MEDELTID	En mindre undersökning av en tidigare lokaliserad medeltida bebyggelse. Här påträffades bebyggelselämningar, som tolkades som en medeltida ensamgårdsanläggning. Till denna anslöt ett mindre område, inhägnat av en låg jordvall, vilket sannolikt har varit till gården hörande åkermark. De medeltida bebyggelselämningarna överlagrade ett kulturlager från äldre järnålder.	
SK	LÖDDEKÖPINGE	LÖDDEKÖPINGE 30:9		LUNDS HIST MUS	TOM OHLSSON	1980	-	UN	EXPL		KERAMIK, DJURBEN	800-1100-TAL	Med anledning av framtida exploatering undersöktes ett 1-1,5 m tjockt fyndförande kulturlager.	
SK	TYGELSJÖ	TYGELSJÖ KYRKA		MALMÖ MUSEUM	INGMAR BILLBERG	1980	NYBYGGNATION	UN	EXPL		MYNT, KERAMIK M M	MEDELTID	Delar av den medeltida kyrkogården undersöktes. Hittills har ett 70-tal gravar dokumenterats. Vidare har påträffats medeltida bebyggelselämningar.	

LAND-SKAP	SOCKEN	PLATS	RAÄ NR	INSTITU-TION	GRÄV-NINGS-LEDARE	UN-DERS ÅR	EXPLOA-TERAT	UNDER-SÖKN-TYP	UNDER-SÖKN-ART	UNDER-SÖKT YTA	FYND	DATE-RING	BESKRIVNING	ANM
SK	V SKRÄV-LINGE	V KATT-ARP		MALMÖ MUSEUM	JAN PERSSON	1980	NYBYGG-NATION	UN	EXPL		ÄLDRE RÖDGODS M M	1200-TAL -1800-TAL	Delar av V Kattarps by undersöktes. Inga säkra spår av hus påträffades men ett otal stolphål, gropar m m.	Ö-GÅRDS-PARKEN
SK	VELL-INGE	KV LÅNGAN STÖRRE		SKÅNES HEM-BYGDS-FÖRB	KARNA JÖNSSON	1980		UN	FORSK		VENDISKT SVART-GODS, BEN	1100-T-1200-T-1800-T	För att utröna några byars ålder och kontinuitet undersöktes medeltida kulturlager i ett av de dragna schakten.	
SK	HÅSLÖV	S HÅS-LÖV 13:1 MFL		SKÅNES HEM-BYGDS-FÖRB	KARNA JÖNSSON	1981		UN	FORSK		VENDISKT SVART-GODS, MYNT M M	TIDIG MED-1900-TAL	Som en del i det nordiska ödegårdsprojektet undersöktes fyra byar: Vellinge, Herrestorp, S och N Håslöv. Ett flertal mindre schakt grävdes. Lagerbilden var omrörd i samband med jordbruksverksamhet. Avsaknaden av förhistoriska fynd kan tolkas så, att byarna först under tidig medeltid etablerades på sin, i historisk tid, kända plats.	
SK	LÖDDE-KÖPINGE	LÖDDE-KÖPINGE 30:9		LUNDS HIST MUS	TOM OHLSSON	1981	UTVIDG AV KYR-KOGÅRD	UN	EXPL		KERAMIK, KAMMAR, JÄRNFÖR EM M M	800-1100	En delundersökning av en boplats. Undersökningen är en fortsatt undersökning av den vikingatida bosättningen i Löddeköpinge. Undersökningen berörde vikingatida och medeltida kulturlager och grophusanläggningar.	FLER FAS-TIGH INBEGR
SK	OXIE	TYGEL-SJÖ I-DROTTS-PL		MALMÖ MUSEUM	RAIMOND THÖRN	1981	UTVIDG AV BOLL-PLAN	UN	EXPL		KERAMIK, BENKAM, JÄRNFÖ-REMÅL M M	VIK/TID MED, 16-1700	En totalundersökning av en boplats inom Tygelsjö by varvid anläggningar av typ härdar, lertäkter, avfallsgropar och långhus framkom.	
SK	DALBY	KV KLOST-RET NR 1		UV SYD	LASSE WALLIN	1982	TILL-BYGG-NAD	UN	EXPL		ÄL SVG, ÄL/YNGR RÖDG, STENG, MYNT	10-1100-T, 1540-1645	Undersökningsområdet är beläget ca 40 m nordost om Dalby Heligkorskyrka och ca 30 m öster om Dalby Kungsgård. De yngsta påträffade husen sätts i samband med det gamla klostrets första tid som kungsgård ca 1540-1645. I övrigt påträffades olika byggnads-, avfalls- och raseringslager.	
SK	ILSTORP	ILSTORP 28:4		UV SYD	STEN TESCH	1982-83	GRUS-TÄKT	UN	EXPL		KERAMIK, JÄRN, DJURBEN	MEDEL-TID, EFTER-MED	Trots att fast fornlämning förelåg upptäcktes 1981 att ytterligare en yta avbanats. Under 1982 gjordes en undersökning inom en 25 000 m2 stor yta. År 1983 ansöktes om medel från RAÄ för en kompletterande undersökning. Syftet var att få svar på frågan om gården var fyrlängad och för att få ett bättre dateringsunderlag. Vid undersökningen avbanades 100 m^2. Vid undersökningen framkom bl a grophus. Inga kulturlager fanns bevarade.	
SK	FJELIE	ÖNNE-RUP 4:3 PUNKT 20		UV SYD	LEIFH STEN-HOLM	1983-84	GAS-LEDNING	UN	EXPL	12 300 M^2	KERAMIK, MYNT, KAMMAR M M	MEDEL-TID-1820	Genom skriftligt material är Önnerups by känd från 1200-talets mitt fram till 1820 då byn skiftades. De äldsta kartorna, som härrör från 1700-talets mitt visar att byggnaderna grupperade sig i två rader på ömse sidor om en öppen plats. Ca 4-5% av byns utbredningsområde undersöktes. Långhus med jordgrävda stolpar, syllstenshus, brunnar, gropar samt ett upp till 0,6 m tjockt kulturlager framkom.	

LANDSKAP	SOCKEN	PLATS	RAÄ NR	INSTITUTION	GRÄVNINGSLEDARE	UNDERS ÅR	EXPLOATERAT	UNDERSÖKN-TYP	UNDERSÖKN-ART	UNDERSÖKT YTA	FYND	DATERING	BESKRIVNING	ANM
SK	HUSIE	KV SALIX	21	MALMÖ MUSEUM	B-Å SAMUELSSON	1984	NYBYGGNATION	UN	EXPL		A-C GODS, JÄRNFÖREM, BRYNE M M	1100-1700-TAL	Inom Ö Skrävlinge medeltida bytomt undersöktes medeltida kulturlager och anläggningar inom ett ca 1100 m^2 stort område. Ca 72 m^2 av kulturlagret totalundersöktes. I bottensanden undersöktes vidare ett ca 7000 m^2 stort område med stolphål, rännor, gropar, brunnar.	72 M^2 K-LAGER UND
SK	HUSIE, OXIE MFL	SÖDRA SALLERUP MFL		MALMÖ MUSEUM	ISSE ISRAELSSON MFL	1984	GASLEDNING	UN	EXPL		KER, FLINTA, JÄRN-BRONSFÖREM	YNG STÅ, BRÅ,VIK, MED	En av flera lokaler som undersöktes var den vid Södra Sallerup. Här hittades medeltida lämningar inom det medeltida byområdet.	
SK	SKABERSJÖ	SKABERSJÖ 26:12 MFL		UV SYD	LASSE WALLIN	1984	GASLEDNING	UN	EXPL	2700 M^2	KER, SLÄNDTRISSA, JÄRNFÖREM M M	SEN VIK/TID MED	Det västra av två områden. Den medeltida byn Västraby har legat 100-150 m i ONO riktning. Maskinavbanades en 15 m bred och 180 m lång yta. Stolphål, gropar, härdar, rännor samt två grophus. Denna boplats kan ha utgjort den sista anhalten före flyttningen till det medeltida byläget i Västraby skog.	PUNKT 4 TRELLEBORG
SK	ST KÖPINGE	LILLA KÖPINGE 6:26		UV SYD	STEN TESCH	1984	NYBYGGNATION	UN	EXPL	7000 M2	KERAMIKAI, AII, AIV, BII:1, BII:4	ROM JÄÄ-MEDELTID	Alldeles sydöst om undersökningsområdet låg tidigare L:a Köpinge by. På grundval av förundersökningen avbanades ca hälften av ytan eller 7000 m^2 uppdelat på tre ytor (1000+1700+ 5000 m^2). Här framkom långhus och grophus. Inga som helst medeltida lämningar påträffades förutom något som närmast liknade en liten lerbotten på vilken låg ett tunt skikt med sillben och några yngre svartgodsskärvor (1200-tal).	
SK	BJÄRESJÖ	BJÄRESJÖ 2:1,22:2		LUNDS UNIV HIST MUS	JOHAN CALLMER	1985		UN	FORSK		KERAMIK, JÄRN-BRONSFÖREM M M	STÅ-ÄL MED	Inom projektet Kulturlandskapet 6000 år undersöktes två områden i Bjäresjö by. På fastighet 2:1 framkom resterna av ett huvudgårdskomplex från sen vikingatid och äldre medeltid. På fastighet 22:2 gjordes endast en förundersökning. Här påträffades endast förhistoriska lämningar.	
SK	HEDESKOGA	LILLA TVÄREN		LUNDS UNIV HIST MUS	INGMAR BILLBERG	1985		UN	FORSK		KERAMIK, BEN, MYNT M M	1000/1100-1600/1700	Inom Ystadprojektet (delprojekt 5). Vid undersökningen 1976 påträffades en välbevarad gårdsanläggning från 12-1300-tal. I år undersöktes delar av en enl kartmaterial från 1763 känd gård. Husrester i form av syllstenar och stolphål samt avfallsgropar framkom. Fynd och konstruktioner från både medeltid och senare tid påträffades. Makrofossil och pollenprover togs.	
SK	MALMÖ	KV TRIANGELN	20	MALMÖ MUSEER	JÖRGEN KLING	1985	NYBYGGNATION	UN	EXPL		KERAMIK, KRITPIPOR, KAKEL	1600-1700-TAL	Området ligger utanför det medeltida Malmös stadskärna. I skriftliga källor omnämns det som "övre Malmö". Denna bondby omnämns första gången 1170. Byn existerade till 13/1400-tal då den försvinner ur källorna. Kulturlager saknades. Däremot framkom brunnar ochen trävattenledning från 16-1700-tal.	

LAND-SKAP	SOCKEN	PLATS	RAÄ NR	INSTITU-TION	GRÄV-NINGS-LEDARE	UN-DERS ÅR	EXPLOA-TERAT	UNDER-SÖKN-TYP	UNDER-SÖKN-ART	UNDER-SÖKT YTA	FYND	DATE-RING	BESKRIVNING	ANM
SK	ST KÖP-INGE	LILLA KÖPINGE 6:91		UV SYD	ANDERS LÖFGREN	1985	NYBYGG-NATION	UN	EXPL	3000 M2	KERAMIK A, BII:1, KAMMAR M M	VIK-HÖG MED, 16-1700-T	Den aktuella ytan, ca 12 000 m², bestod av ett låglänt område med gammal åkermark. På höjden i väster låg den plats som omfatta-des av 1984 års undersökning. En ca 3000 m² stor yta avbanades med maskin på ca 1000 m² fanns delar av äldre kulturlager och huslämningar.	
SK	BALD-RINGE	BALD-RINGE TORP	58,7 7	LUNDS UNIV HIST MUS	MATS BLOHME	1986		UN	FORSK	300 LÖPM	ÄLDRE SVART-GODS, RÖDGODS M M	TID MED, 1500-T, 17-18	Undersökningen ingår som en del i Ystadsprojektet. Målsättningen var att från den medeltida byn Bald-ringetorp insamla arkeologiska data, makrofossil och osteologiskt material för analys och jämförelse med övriga undersökningar inom projektet. Tre schakt drogs över den del av bytomten som efter 1983 års provundersökning ut-pekats som mest lovande. Ett upp till 1,5 m tjockt kulturlager, grop-hus, gropar, härdar m m framkom.	
SK	HÄRS-LÖV	HILLES-HÖG--HÄRS-LÖV		UV SYD	LASSE WALLIN	1986	VA-UT-BYGG-NAD	UN	EXPL		KERAMIK, BEN M M	VIK-TID MED, 1700-TAL	Både Hilleshög 1:3, 8:2, 8:3 är perifert belägna i förhållande till den från historisk tid kända byn. På 1:3 påträffades lämningar från såväl historisk som förhistorisk tid. En husgrund från 1700-tal överlagrade ett grophus från vikingatid-tid medeltid. Av keramiken framgår att aktivitet även förekommit på 1200-tal.	
SK	ST KÖP-INGE	ST KÖP-INGE 11:16		LUNDS UNIV HIST MUS	TORSTENS DOTTER ÅHLIN	1986		UN	FORSK		VENDISKT SVART-GODS, SLAGG M M	BRÅ, VIK-TID MEDEL-TID	Undersökningen företogs inom ramen för Ystadsprojektet. Området ligger intill St Köpinge bykärna som den dokumenterats i äldre lantmäterihandlingar. Huvudfrågeställningen gällde om bebyggelselämningar i byns tomter kunde knytas till ett äldre bebyggelseskede i den medeltida byn. Sju schakt grävdes med grävmaskin. I schakten framkom 223 anläggningar: stolphål, gropar m m. Kulturlagret kan knytas till 1700-talets bebyggelse.	
SK	ST KÖP-INGE	ST KÖP-INGE 12:23		LUNDS UNIV HIST MUS	TORSTENS DOTTER ÅHLIN	1986		UN	FORSK		-	-	Undersökningen företogs inom ramen för Ystadprojektet. Syftet var att söka spår efter äldre bebyggelse som eventuellt kunde kopplas till det gamla marknamnet Afwijsåkrar/afwussahögsåkrar. Med grävmaskin avbanades matjorden i tio sökschakt med tio meters mellanrum. I schakten framkom endast ett fåtal anläggningar: en härd samt gropar/stolphål.	
SK	UPPÅKRA	HJÄRUP 21:38		UV SYD	ANDERS WIHLBORG	1986	NYBYGG-NATION	UN	EXPL		KERAMIK, BEN, SLÄND-TRISSA M M	1000-TAL -15/1600-T	Området är beläget inom gränsen för Hjärups gamla by. För att få ett underlag för vad en total-undersökning av området skulle kosta genomfördes en inledande arkeologisk undersökning (etapp 1). Vid denna konstaterades att de påträffade gårdsanläggningarna sannolikt var från 15/1600-tal. Dessa konstruktioner vilar på kulturlager från 1000-talet med ett stolpbyggt långhus. Vid under-sökningen framkom även stolphål, en brunn, gropar, rännor från medeltid.	

LANDSKAP	SOCKEN	PLATS	RAÄ NR	INSTITUTION	GRÄVNINGSLEDARE	UNDERS ÅR	EXPLOATERAT	UNDERSÖKN TYP	UNDERSÖKN ART	UNDERSÖKT YTA	FYND	DATERING	BESKRIVNING	ANM
SK	VÄLLUV	VÄLLUV 11:2		UV SYD	ROBERT B NAGMER	1986	DISTRIBUTIONSLEDNING	UN	EXPL		MALSTEN	VIK/TID MEDELTID	Det undersöktes 11 anläggningar bestående av ett grophus, sju härdar, en grop och två stolphål. De två sistnämnda anläggningarna hörde till grophuset. Med hjälp av keramikfynden, som påträffades i samband med en tidigare provundersökning, kan boplatsen dateras.	
SK	KYRKHEDDINGE	KYRKHEDDINGE 8:37		UV SYD	LASSE WALLIN	1987	NYBYGGNATION	UN	EXPL		-	-	Områdets östdel ingår i bytomten före skiftet. En flack sydsluttning i norra delen av ytan undersöktes. Några anläggningar av förhistorisk karaktär framkom. I en av dem påträffades keramik (ev bronsålder). Vid slutundersökningen lades ett tätare schaktsystem över ytan där de förhistoriska lämningarna påträffats. Endast moderna anläggningsspår framkom.	FLER FASTIGH INBEGR
SK	LYNGSJÖ	LYNGSJÖ 38:1		LUNDS UNIV HIST MUS	JOHAN CALLMER MFL	1987		UN	FORSK		JÄRNFÖREMÅL, KERAMIK	YNGRE JÄÅ?, MEDELTID	Undersökningen företogs för att klarlägga huvuddragen i bebyggelseförloppet på den historiska bytomten. Delvis bevarade kulturlager gav fynd från medeltid och förhistorisk tid.	
SK	TYGELSJÖ	KRISTINERO	33	MALMÖ MUSEER	JÖRGEN KLING	1987	NYBYGGNATION	UN	EXPL		KERAMIK	VIK, MED, FÖRE 1850	Vid förundersökningen framkom rester av en 1700-tals gård. Med hänsyn till läget, inom Tygelsjö medeltida bykärna, var en undersökning påkallad. Förutom rester av 1700-tals gården påträffades kulturlager med 12-1300-tals keramik. Till detta hörde sammanhängande golvlager m ugnskomplex. Nedgrävda i bottensanden framkom gropar och stophål med AII-gods (1000-tal).	
SK	UPPÅKRA	HJÄRUP 21:38	26	UV SYD	LEIFH STENHOLM	1987	NYBYGGNATION	UN	EXPL		RÖDGODS, STENGODS, SVARTGODS M M	VIK, MED, NYARE TID	Området ligger centralt inom Hjärups gamla by. Äldsta belägg är 1145. Ett upp till 1,5 m tjockt kulturlager som grovt kan uppdelas i fyra bebyggelsefaser framkom; Fas 1 - växthorisont med sporadiska boplatslämningar, Fas 2 - åtta stolpburna långhus (1000-1100-tal), Fas 3 - två syllstenshus (12-1400-tal), Fas 4 - stört av moderna jordbredskap (1500-senare tid).	
SK	GLOSTORP	MALMÖ, BÅGSKYTTEN	48	MALMÖ MUSEER	JÖRGEN KLING	1988	NYBYGGNATION	UN	EXPL		VENDISKT SVARTGODS, RÖDGODS M M	SEN VIKMED,-FÖRE 1850	Inom Käglinge bys medeltida gränser gjordes en undersökning. Ett antal huslämningar påträffades: fem husgrunder av sten med två brunnar samt gårdsplaner som kan dateras till 15-1700-tal, ett hus med stengrund från sent 1200-tal-1400-tal, tre långhus bestående av stolphål från 1000-1200-tal. Kulturlager fanns i områdets norra del i samband med huskonstruktioner.	
SK	LÖDDEKÖPINGE	LÖDDEKÖPINGE 90:1	69	UV SYD	ROBERT B NAGMER	1988	NYBYGGNATION	UN	EXPL	1360 LÖPM	KERAMIK, DJURBEN MM	VIK, TID MED	En för- och slutundersökning gjordes i ett område som tangerar Löddeköpinge bytomt. Området har förhöjda fosfatvärden. Elva 1,5 m breda schakt grävdes. Anläggningar påträffades i två områden (stolphål, härdar,gropar). Vid slutundersökningen schaktades en 900 m² stor yta av, uppdelat på fem områden. Bl a tre grophus framkom.	

LANDSKAP	SOCKEN	PLATS	RAÄ NR	INSTITUTION	GRÄVNINGSLEDARE	UNDERS ÅR	EXPLOATERAT	UNDERSÖKN-TYP	UNDERSÖKN-ART	UNDERSÖKT YTA	FYND	DATERING	BESKRIVNING	ANM
SK	OXIE	OXIE, KV BYSTEN-EN	41	MALMÖ MUSEER	RAIMOND THÖRN	1988	NYBYGG-NATION	UN	EXPL		KERAMIK, BEN, BRYNEN M M	VIK/TID MED	Åren 1976-77 utfördes en undersökning av ett tidigmedeltida kulturlager med bebyggelserester. I år blev området ånyo föremål för undersökning. Detta innebar att bilden av mötet mellan bymark och inägor, i den tidigmedeltida byn Oxie, här kunde kompletteras. Kulturlagret var kraftigt stört men tidigmedeltida anläggningar i form av rännor och avfallsgropar kunde urskiljas.	
SK	BRUNN-BY	KRAPPER UP 19:1		LUNDS UNIV, ARK INST	PETER CARELLI MFL	1989		UN	FORSK		KERAMIK	ROM JÄÅ (?), MED, NYARE	Projektet "Borgen i bygden" gjorde en undersökning. Målet var att lokalisera platsen för den vid skiftet nedlagda gården Mölle-hässle 1, samt att söka utröna huruvida den haft kontinuitet ned i medeltid och vikingatid. Två schakt grävdes med maskin. Sammanlagt 32 anläggningar framkom (bl a stolphål). Pga tidsbrist undersöktes alla inte.	
SK	BRUNN-BY	KRAPPER UP 1:1		LUNDS UNIV, ARK INST	HÅKAN THOREN	1989		UN	FORSK	30 M2	-	NYARE TID, FÖRE 1850	Forskningsprojektet "Borgen i bygden" utförde en undersökning. Målet var arkeologiskt bekräfta de skrivna källorna om Krapperups by och om möjligt datera den. Två mindre schakt togs upp med trak-torgrävare. Inga fynd påträffades, däremot lerfläckar-rester av ler-klinade väggar samt en hägnads-rest i sten. Utifrån den äldsta kartan kan man säga att gårdarna tillkom före 1718.	
SK	FOSIE	HINDBY-GÅRDEN		MALMÖ MUSEER	T ANDERS-SON MFL	1989	NYBYGG-NATION	UN	EXPL			STÅ, BRÅ, TID MED, 16-1	Förundersökningen berörde bl a den medeltida Hindby by, där åtta mindre schakt upptogs. Här fram-kom stolphål och rester av lergolv samt lämningar av bebyggelse från 16-1700-talet. Den följande under-sökningen vid Hindbygården be-rörde ett ca 15 000 m^2 stort områ-de, som utgjorde det sista bevarade partiet i anslutning till de forna fuktområdena vid Hindby mosse.	
SK	GÅRDS-TÅNGA	GÅRDS-TÅNGA 15:1	14	UV SYD	BENGT SÖDER-BERG	1989	NYBYGG-NATION	UN	EXPL	3000 M2	KERAMIK AV ALLA TYPER M M	VIK-HÖG MED, NY TID	En slutundersökning som ledde till en foskningsundersökning. Det berörda området är, enligt storskifteskartan 1764, beläget inom Gårdstånga gamla bytomt. Det äldsta belägget härrör från 1000-talet på en runsten. Vid 1200-talets början omnämns byn som ett s k "konungalev", och kvarstår som en del av ett mindre, kungligt län till 1561, då Viderups adelsgods etableras. Här framkom stolphål, grophus och långhus.	
SK	IVE-TOFTA	STG 358 MFL		KRIS-TIAN-STAD LÄNS MU	TYRA ERICSON MFL	1989	NYBYGG-NATION, VÄG	UN	EXPL		FÖRH, MED KERAMIK M M	FÖRHIST TID, ME-DELTID	En förundersökning följd av en slutundersökning. Området var beläget norr om Ivetofta medeltida kyrka. Ett av tre påträffade kulturlager, 0,25 m tjockt, innehöll medeltida keramik.	
SK	NEVIS-HÖG	NEVIS-HÖG 10:1 MFL	4	UV SYD	BENGT SÖDER-BERG	1989	NYBYGG-NATION	UN	EXPL	800 LÖPM	KERAMIK	JÄÅ, MEDEL-TID (?)	Den sydvästra delen av fastigheten berör perifert Stanstorps gamla bytomt (fornl 4). I etapp 1 av undersökningen grävdes schakt ner till steril botten. På platsen för bytomten framkom en härd och ett antal diken. Inga daterande fynd påträffades.	

LANDSKAP	SOCKEN	PLATS	RAÄ NR	INSTITUTION	GRÄVNINGSLEDARE	UNDERS ÅR	EXPLOATERAT	UNDERSÖKNTYP	UNDERSÖKNART	UNDERSÖKT YTA	FYND	DATERING	BESKRIVNING	ANM
SK	S:T IBB	TUNA BY 13:22 MFL	65	UV SYD	ANDERS LÖFGREN	1989	NYBYGGNATION	UN	EXPL	2500 M2	KERAMIK-AII, BI:1, BII:1, BII:4 M	STÅ/BRÅ, TID MED-1805	Inom området för Tuna by gjordes en undersökning. Vid undersökningen banades en 2500 m² stor yta av med maskin. För att konstatera utbredningen av gårdstomterna och de förhistoriska boplatserna grävdes 170 m schakt. Lämningar av det eftermedeltida Tuna by återfinns i stort sett över hela ytan. Inom ytan kunde tre av gårdarna följas ned i medeltid. Syllstenarna var i de flesta fall bortplockade och av husen återstod endast lergolv.	
SK	FJÄLKINGE	FJÄLKINGE 9:20 MFL	46	KRISTIANSTAD LÄNS MU	TONY BJÖRK	1990	NYBYGGNATION	UN	EXPL	610 M2	ÄLDRE SVARTGODS, -KAM M M	VENDTID MEDELTID	Fastigheten är belägen alldeles intill en vikingatida boplats (fornl 46) som delvis undersöktes 1981. Två ytor banades av. Här framkom grophus, ränna, boplatsgropar, stolphål. Inget regelrätt kulturlager fanns bevarat endast en fyndförande horisont i ett äldre humuslager.	
SK	HELSINGBORG	RAMLÖSA 7:1	203	UV SYD	ANDERS LÖFGREN	1990	UTVIDG AV KYRKOGÅRD	UN	EXPL	700 M²	ÄLDRE SVARTG, ÄLDRE RÖDG M M	STÅ, TID MED-HÖG-MED	Två km norr om Raus kyrka har Köpinge by varit belägen. Målet med undersökningen har varit att dokumentera de medeltida lämningarna och fastställa om även området vid Råån och kyrkan ingått i Köpingekomplexet. En drygt 700 m² stor yta schaktades med maskin. Här framkom stolphål samt en tidigmedeltida brunn som överlagrades av ett högmedeltida stolphus. Ytterligare fyra provgropar grävdes.	
SK	LÖDDEKÖPINGE	LÖDDEKÖPINGE 90:1	69	UV SYD	BENGT SÖDERBERG	1990	NYBYGGNATION	UN	EXPL	5000 M²	KERAMIK, KAMMAR, MYNT	STÅ, ÄJÄÅ, VIK, TID MED	Den östra utkanten av Löddeköpinge berördes. Här banades knappt 5000 m² av. Endast i söder fanns blygsamma kulturlagerrester. Drygt 2000 anläggningar, nedgrävda i bottensanden, undersöktes. Merparten kan dateras till 800-1000. Anläggningarna utgjordes bl a av stolphål och 33 grophus.	
SK	S MELLBY	S MELLBY 73:1		KRISTIANSTAD LÄNS MU	TONY BJÖRK	1990	NYBYGGNATION	UN	EXPL		-	SENMEDEL NYARE TID	Området är beläget i direkt anslutning till den norra kyrkogårdsmuren på den östra delen av S Mellby kyrkogård. Själva grävningsytan ligger ca 10 m norr om nämnda kyrkogårdsmur och inom den medeltida bytomten. I fyra schakt banades matjorden av. Här framkom skelettgravar.	
SK	VELLINGE	KV SKOLAN	17	UV SYD	BENGT SÖDERBERG	1990	NYBYGGNATION	UN	EXPL	500 M2	A-GODS, B-GODS M M	STÅ, JÄÅ, MED, NY TID	Ett område inom Vellinge gamla bytomt berörs. Enl 1776 års karta tangerar undersökningsytan en klunga gårdar och gathus. En yta på 500 m² undersöktes. Här framkom bl a ett grophus fr 10-1100-tal. Enstaka skärvor av högmedeltida keramik i stolphål och gropar antyder en bebyggelsekontinuitet på denna del av bytomten.	

LAND-SKAP	SOCKEN	PLATS	RAÄ NR	INSTITU-TION	GRÄV-NINGS-LEDARE	UN-DERS ÅR	EXPLOA-TERAT	UNDER-SÖKN-TYP	UNDER-SÖKN-ART	UNDER-SÖKT YTA	FYND	DATE-RING	BESKRIVNING	ANM
SK	BRUNN-BY	KRAPPE-RUP 19:1		LUNDS UNIV, ARK INST	PETER CARELLI MFL	1991		UN	FORSK		-	ROM JÄÅ, ME-DELTID, NYA	Forskningsprojektet "Borgen i bygden" utförde en undersökning på Krapperup. Målet var att söka finna gårdsläget för Möllehässle 1 samt att om möjligt datera bebyggelseresterna för att klargöra dess kontinuitet bakåt i tiden. Gårdsläget är känt från det äldsta kartmaterialet och det historiska källmaterialet. Här framkom en grundmurad byggnad med källare fr 15-1600-tal.	
SK	FLEN-INGE	KV MALM-ÅN 2, ÖDÅKRA	75:2	UV SYD	BENGT SÖDER-BERG	1991	NYBYGG-NATION	UN	EXPL	650 m²		SENMED-NYARE TID	En undersökning inom Ödåkra bytomt utfördes. Det äldsta omnämnadet är från 1524. En karta från 1827-29 visar fyra gårdsenheter. En yta i exploate-ringsområdets östra del schaktades ned till steril nivå eftersom kultur-lagret var omrört. Undersöknings-ytan berörde två gårdar. Den äldsta tydliga bebyggelsen utgörs av ett hus med jordgrävda stolpar som dateras till hög-senmedeltid. Senare hus på stensyllar var omrörda.	
SK	HUSIE	WANNA-GÅRDEN	21	MALMÖ MUSEER	RAIMOND THÖRN	1991	NYBYGG-NATION	UN	EXPL		KERAMIK, BENKAM, MYNT M M	MEDEL-TID-NY-ARE TID	En undersökning inom Östra Skrävlinge by vilken omnämns 1269. Den 1990 påbörjade undersökningen, vilken bestod av två delområden, slutfördes under 1991. Fynd från kulturlagret visar på aktivitet fr o m tidig medeltid. Manifesta lämningar noteras dock ej förrän 1400-talets slut-1500-talets början, varifrån en gårds köksparti finnes bevarat. Problem finnes rörande en slutdatering av bebyggelselämningen pga senare tiders odling.	
SK	KROPP	VÄLA 7:4 ETAPP III	46 MFL	UV SYD	BENGT SÖDER-BERG	1991	NYBYGG-NATION	UN	EXPL	400 M2	KERAMIK, SLAGG M M	FÖRROM JÄÅ, SEN MED, NY	Inom Väla gamla bytomt undersöktes en 400 m² stor yta på gårdstomt nr 2 (enl 1746 års karta). Ett stolphus framkom. I eller invid huset var tre yngre brunnar nergrävda. Huset kan sannolikt dateras till 1500-tal.	
SK	OXIE	TOARP 5:6	39	MALMÖ MUSEER	THOMAS ANDERS-SON	1991	NYBYGG-NATION	UN	EXPL		KERAMIK M M	BRÅ, JÄÅ, VIK-TID MED	En utredning och förundersökning har föregått slutundersökningen. Inom områdets västra del kommer man i kontakt med lämningar av den medeltida byn Toarp. Här framkom ett långhus och stolphål samt en kulturlagerrest med vendisk keramik.	
SK	ST KÖP-INGE	KÖPINGE BRO	22	UV SYD	BENGT SÖDER-BERG	1991	VA-LED-NING	UN	EXPL		KERAMIK, VÄV-TYNGDER M M	VIKINGA-TID	St Köpinges gamla bytomt (22) berörs. Stolphål och grophus framkom i utkanten på bytomten. Lämningarna kan sättas i relation till de omfattande vikingatida-tidigmedeltida fyndplatser som är belägna sydväst om bytomten, vid Nybroån.	SVENST ORP
SK	VELL-INGE	KV SKO-LAN	17	UV SYD	MARTIN HANSSON	1992	NYBYGG-NATION	UN	EXPL	950 M2	A-GODS, B-GODS, KAM M M	JÄÅ, MED, NYARE TID	Ett område inom Vellinge gamla bytomt berördes. Med maskin banades matjorden av på en ca 950 m² stort område ned till steril botten. Inga spår av kulturlager kunde ses. Däremot dokumen-terades stolphål och gropar. Av keramikfynden i stolphålen att döma kan ett hus dateras till högmedeltid medan ett annat troligtvis tilhör 1700-talsgården. Bebyggelse har etablerats på platsen på 1000-talet.	

LANDSKAP	SOCKEN	PLATS	RAÄ NR	INSTITUTION	GRÄVNINGSLEDARE	UNDERS ÅR	EXPLOATERAT	UNDERSÖKNTYP	UNDERSÖKNART	UNDERSÖKT YTA	FYND	DATERING	BESKRIVNING	ANM
SK	OXIE	N TOARPS BY		MALMÖ MUSEUM	-	1971	SCHAKTNING	UN?	EXPL		KERAMIK, VÄVTYNGDER M M	1000-TAL OCH SENARE	I samband med schaktning undersöktes nio gropar och en brunn.	
SK	TÖRRINGE	TÖRRINGE 14:16		SKÅNES HEMBYGDSFÖRB	KARNA JÖNSSON	1983	TRÄDGÅRDSANLÄGGNING	UN?	EXPL		-	MEDELTID	Söder om Törringe kyrka framkom medeltida murrester. Enligt äldre kartor har det på platsen legat en större gård, Törringe 1 och det är sannolikt att murarna ingått i denna anläggning.	
SK	ILSTORP	ILSTORP 28:21		UV SYD	LASSE WALLIN	1987	GRUSTÄKT	UN?	EXPL		-	-	Området tangerar Ilstorps medeltida bytomt. Tidigare har vikingatida, medeltida och eftermedeltida bebyggelse- rester undersökts inom, söder och sydväst om den nu aktuella ytan. Då framkom ett flertal grophus och en tidigmedeltida stormansgård. Med maskin grävdes 24 provschakt. Endast nio anläggningar var av ev arkeologiskt intresse. Några anläggningar innehöll tegelflis.	
SMÅ	GRÄNNA	BOHULT	234	JÖNKÖPINGS LÄNS MUS	LINNEA VARENIUS	1987	AVLOPPSLEDNING	AK	EXPL		-	-	I omedelbar närhet av "Bohult gamla tomt" med arkivaliska belägg från 1451, utfördes en antikvarisk schaktövervakning. Inga lämningar eller kulturlager påträffades.	
SMÅ	FÄRGARYD MFL	-	-	HALLANDS LÄNSMUSEUM	LENA BJUGGNER	1992	GASLEDNING	AU	EXPL		-	STÅ-NYARE TID	Nio områden valdes ut med hjälp av arkiv- och kartstudier, samt en fältinventering. Utredningsområdet som präglas av skogs- och mossområden visade sig inrymma fossila åkrar och röjningsrösen, torp- och gårdslägen samt troliga boplatslägen.	
SMÅ	FÄRGARYD MFL	-		HALLANDS LÄNSMUSEUM	LENA BJUGGNER	1992	GASLEDNING	AU	EXPL		-	STÅ-NYARE TID	Nio områden valdes ut med hjälp av arkiv- och kartstudier, samt en fältinventering. Utredningsområdet, som präglas av skog- och mossområden visade sig inrymma fossila åkrar och röjningsrösen, torp- och gårdslägen samt troliga boplatslägen.	
SMÅ	GÅRDSBY	FYLLERYD 1:1,1:2	162	UV MITT	MIKAEL JACOBSSON	1992	GOLFBANA	AU	EXPL		-	BRÅ-RECENT	Specialinventering där det bl a framkom två fortfarande bebyggda gårdstomter med möjliga äldre kulturlager samt tre möjliga boplatslägen.	
SMÅ	GRÄNNA	KV BARONEN 12, 13		JÖNKÖPINGS LÄNS MUS	TOMAS ARESLÄTT	1987	NYBYGGNATION	FU	EXPL		-	-	Förundersökning inom ett område med arkivaliska belägg för en husaby. Inga lämningar eller kulturlager kunde påvisas.	FLER FASTIGH INBEGR
SMÅ	ÅBY	ÅBY 1:1 MFL	121 MFL	KALMAR LÄNS MUSEUM	MICHAEL KÄLLSTRÖM	1992	VÄGBYGGE	FU	EXPL		FLINTA, JÄRNSLAGG M M	BRÅ, JÄÅ/MEDELTID?	Två förhistoriska boplatsområden berörs. Förundersökningen bestod av tre delmoment; kart- och arkivstudier, en fördjupad fältinventering samt en provundersökning. Vid provundersökningen framkom 3 områden med upptill 35-40 cm tjocka kulturlager.	
SMÅ	VISINGSÖ	VALLBY BY		LANDSANT I JÖNKÖPING	J-E TOMTLUND	1975-76		UN	FORSK		-	MEDELTID	Vid en arkeologikurs i samarbete med Visingsö folkhögskola, undersöktes delar av en förmodad bytomtning. Eventuella lämningar efter medeltida Vallby by påträffades.	

LANDSKAP	SOCKEN	PLATS	RAÄ NR	INSTITUTION	GRÄVNINGSLEDARE	UNDERS ÅR	EXPLOATERAT	UNDERSÖKN-TYP	UNDERSÖKN-ART	UNDERSÖKT YTA	FYND	DATERING	BESKRIVNING	ANM
SMÅ	BERGA	HULAN 2:1	64	SMÅLANDS MUSEUM	EVA ÅHMAN	1986	UTVIDG AV KYRKOGÅRD	UN	EXPL		KERAMIK, SLAGG, BR BEN	ROM JÄÅ, VIK, HÖG MED	År 1982 undersöktes ett vik/tidmed grophus på Berga kyrkogård. Vid undersökningen 1986 påträffades ett 50-tal anläggningar varav ett 10-tal stolphål. Dessutom fanns en härd och en stensatt brunn. "Brunnen" och härden har C14-daterats till 1375-1380 e Kr, två mörkfärgningar med kol till 50 resp 1010 e Kr.	
SMÅ	LESSEBO	LESSEBO 1:16		SMÅLANDS MUSEUM	ELISE HOVANTA	1988-89		UN	FORSK		MYNT, KERAMIK, HÄSTSKOR M M	EV JÄÅ-MED, 16/1700	På uppdrag av kulturnämnden i Lessebo utfördes en kartering och en liten undersökning på det sk Bolet. Kommunen ville veta mer om platsen och om den skriftligen kända medeltida Låseboda by legat på denna plats, där det finns rester efter husgrunder, källare, odlingsrössen och brunnar. Två schakt visar på två byggnadsskeden. Kyrkoarkivalierna omtalar två gårdar varav den ena försvinner redan 1650-60-tal. Undersökningen forstätter 1989.	
SÖ	LUNDA	ENSTORP 1:1		UV MITT	INGA ULLEN	1984	VÄG E4	AK	EXPL		TEGELFLISOR	SENTIDA	Fyra schakt grävdes, varav ett i nordsluttningen utanför Enstorps bytomt. De övriga schakten låg på 30-180 m avstånd från bytomtens norra gräns. Schakten var 5-12 m breda och 12-20 m långa. Inga fynd eller konstruktioner påträffades.	
SÖ	HELGONA	KRISTINEHOLM 2	INV ID 32	UV MITT	SONJA WIGREN	1987	TELEKABELSCHAKT	AK	EXPL		BR LERA, OBR DJURBEN, KOL	-	Schaktning inom gravfält (fornl 32) samt inom ett område där bytomten Riddartuna kan ha legat. Totalt grävdes ca 390 löpmeter schakt, 0,4 m brett och 0,75 m djupt. En härd med bränd lera, kol och ben hittades. På grund av schaktets ringa bredd kan förekomsten av ytterligare anläggningar inte uteslutas.	
SÖ	HUSBY OPPUNDA	HUSBY GÅRD		UV MITT	SONJA WIGREN	1988	MATJORDSAVBANING	AK	EXPL		-	-	Anledningen till kontrollen var dels närheten till en hög, dels att ingreppen berörde ett "Husby". Schaktningskontrollen är inte avslutad.	
SÖ	TUMBO	HAGBY 1:4		UV MITT	KARLIS GRAUFELDS	1979	-	AU	EXPL		-	-	Fosfatkarteringen utfördes i syfte att försöka lokalisera Hagby bytomt.	
SÖ	HELGONA	KRISTINEHOLM	INV ID 31, 32	UV MITT	KJELL JOHANSSON	1986	VÄGBYGGE	AU	EXPL		-	-	En 22 000 m² stor yta fosfatkarterades i betesmark. Anledningen var dels närheten till fornlämningar, dels att om möjligt lokalisera en bytomt, Riddartuna. Denna är känd från äldre kartmaterial.	
SÖ	BOTKYRKA	LINDHOV STG 5214	44, 46, 47	UV MITT	KJELL JOHANSSON	1987	NYBYGGNATION	AU	EXPL		KERAMIK M M	BRÅ-MEDELTID	En fosfatkartering inom delar av Lindhovs gård. Förhöjda fosfatvärden tillsammans med registrerade fornlämningar, skärvsten, lösfynd etc visar att det kan finnas rester efter tre förhistoriska boplatser samt en ev bytomt.	
SÖ	GRÖDINGE MFL	TYTTINGE MFL		UV MITT	BENGT ELFSTRAND MFL	1988	JÄRNVÄG	AU	EXPL		-	ÄJÄÅ-MEDELTID	Tretton boplatser och förmodade boplatslägen har fosfatkarterats. Bland de utvalda terrängavsnitten förekom ett förmodat hamnläge, en bytomt, eventuell medeltida bebyggelse vid Södertäljeleden samt tio boplatser från förhistorisk tid.	

LANDSKAP	SOCKEN	PLATS	RAÄ NR	INSTITUTION	GRÄVNINGSLEDARE	UNDERS ÅR	EXPLOATERAT	UNDERSÖKNTYP	UNDERSÖKNART	UNDERSÖKT YTA	FYND	DATERING	BESKRIVNING	ANM
SÖ	TVETA	BRÄNNINGE 1:4	70	UV MITT	LILLEMOR SCHUTZLER	1989	JÄRNVÄG	AU	EXPL		BUTELJGLAS, PORSLIN, SPIK	-	Området utgörs av en åker nordväst om fornlämning 70, ett boplatsområde på en åkerholme, som möjligen är Bränninge gamla bytomt. Fosfatkarteringen av boplatsen samt åkermarken intill gav enstaka, svagt förhöjda värden. Vid maskinschaktning samt provrutor placerades efter de förhöjda fosfatvärdena och upp mot åkerholmen kunde endast en mindre härdbotten konstateras.	
SÖ	ÖSTERTÄLJE	GLASBERGA		UV MITT	BIRGITTA SANDER MFL	1989	NYBYGGNATION	AU	EXPL		-	-	En arkeologisk utredning för området kring Glasberga säteri. Utredningen omfattar arkiv- och kartstudier samt specialinventering. Glasby gamla bytomt ligger inom området.	
SÖ	TROSA-VAGNHÄRAD	TROSA VÄSBY 8:2 MFL		UV MITT	L SCHUTZLER	1989-90	NYBYGGNATION	AU	EXPL	469 LÖPM	-	PREL JÄÅ	En utredning med arkivstudie, fosfatkartering, specialinventering och provundersökning. Fosfatkarteringen visade på förhöjda värden bl a kring Väsby gård. Den äldsta kartan är från 1689. Sannolikt är läget för Stora Wäsby samma som läget för dagens gård. Vid besiktning kunde ett par sannolika bebyggelselägen noteras. Sannolikt finns de medeltida enheterna vid dagens gårdsenheter. Med maskin grävdes 29 schakt. Kulturlager och anläggningar framkom.	
SÖ	ASPÖ	MARBY GÅRD, OKNÖN	99, 100, 105	UV MITT	ANDERS HEDMAN	1990	GOLFBANA	AU	EXPL		-	-	En specialinventering utfördes. På ett centralt impediment i området framkom ett flertal stengrundsliknade lämningar samt 2-3 äldre vägsträckningar. Strax norr impedimentet påträffades ett tänkbart bebyggelseläge (bytomt?). Dessutom påträffades en äldre vägsträckning.	
SÖ	TROSA-VAGNHÄRAD	RISEVID 1:3 MFL	288	UV MITT	BITTE FRANZEN MFL	1990	INDUSTRIBEBYGGELSE	AU	EXPL	299 LÖPM	-	YNGRE JÄÅ-MEDELTID	Utredningen omfattade fosfatkartering, specialinventering samt provundersökning. Vid Risevid berördes huvudsakligen åkrarna runt gårdstomten och gravfältet. Fosfatanalysen visade starkt förhöjda värden här. Det grävdes 19 schakt med maskin varav flertalet förlagda kring gårdstomten. I schakten framkom bl a ett kulturlager samt en stenrad.	
SÖ	ÖSTERTÄLJE	GLASBERGA		UV MITT	ANDERS HEDMAN	1990	NYBYGGNATION	AU	EXPL		-	-	Utredningen inbegrep kartering, fosfatkartering och provundersökning. Fosfatkarteringen visade på klart förhöjda värden vid gårdstomterna Glasberga (fornl 238) och Glasby (fornl 47). Provundersökningen syftade bl a till att avgränsa Glasberga gamla tomt åt alla håll. Det kunde konstateras att gårdstomtens fysiska utbredning avspeglade i fynd och anläggningsutbredning var betydligt mindre än vad fosfaten visade.	

LANDSKAP	SOCKEN	PLATS	RAÄ NR	INSTITUTION	GRÄVNINGSLEDARE	UNDERS ÅR	EXPLOATERAT	UNDERSÖKN-TYP	UNDERSÖKN-ART	UNDERSÖKT YTA	FYND	DATERING	BESKRIVNING	ANM
SÖ	FORS	MESTA 5:17 MFL		UV MITT	CECILIA ÅQVIST	1991	NYBYGGNATION	AU	EXPL		-	JÄÄ-NYARE TID	Utöver specialinventeringen i fält utfördes en fosfatkartering, med förhöjda värden i huvudsak anslutning till gården Berga. Utifrån det historiska kartöverlägget framgår att det funnits en äldre bebyggelselämning på platsen för dagens gård, strategiskt lokaliserad mellan de två åkergärdena. Berga är sannolikt utbrutet ur byn Mesta.	
SÖ	HÄRAD	ARPHUS-HÄRAD	87-95	UV MITT	BITTE FRANZEN	1991	VÄGBYGGE	AU	EXPL		-	BRÅ-EFTERREF	Utredningen omfattade byråinventering, historiska kartkalker, landskapsanalys, specialinventering, fosfatkartering och provgrävning. Bl a har bytomter vars ägor berörs av vägsträckningen registrerats (fornl 87-95). Bytomterna är inte övergivna.	
SÖ	TORSHÄLLA, TUMBO	SKÄCKLINGE 1:1 MFL	41 MFL	UV MITT	STEFAN BERGH MFL	1991	INDUSTRIUTBYGGNAD	AU	EXPL		-	BRÅ-SEN MED	Vid den specialinventering som gjordes framkom bl a två äldre odlings- och röjningsrösen samt en möjlig by-/gårdstomt. Vidare registrerades åtta terränglägen för möjlig förhistorisk bebyggelse. Dessutom fanns fyra äldre gårdar inom området vilkas tomter sannolikt har äldre kulturlager.	
SÖ	VÄSTERHANINGE	KRIGSLIDA		UV MITT	CECILIA ÅQVIST	1991	NYBYGGNATION	AU	EXPL		KERAMIK (BL A BII:4) M M	STÅ, BRÅ, ÄJÄÅ, MED	Undersökningsområdets högsta parti är beläget syd och sydost om Lida bytomt. I detta parti påträffades boplatslämningar i form av kulturlager, härd samt nedgrävningar.	HAMMARÄNGEN
SÖ	ÖSTERTÄLJE	GLASBERGA		UV MITT	ANN-MARI HÅLLANS MFL	1991	NYBYGGNATION	AU	EXPL		KERAMIK M M	BRÅ-ÄJÄÅ, YJÄÅ-EREF	Inom området för Glasberga säteri gjordes en utredning i form av provschakt. Bl a kunde läget för Glasby gamla tomt fastställas. Ett halvmeter tjockt kulturlager samt fynd av förhistorisk keramik indikerade att det på platsen också fanns lämningar av äldre bosättning.	
SÖ	ESKILSTUNA	FORS FS, EKEBY		UV MITT	SONJA WIGREN	1981	NYBYGGNATION	FU	EXPL		-	-	En fosfatkartering gjordes vid Ekeby gård. Analyserna visade huvudsakligen på låga värden. Ytor med förhöjda värden kontrollerades genom provschakt.	
SÖ	BETTNA	BETTNABY 3	234	UV MITT	SONJA WIGREN	1987	VÄGBYGGE	FU	EXPL		GLAS, JÄRNFRAG, TEGEL, BR LERA	STÅ-MEDELTID	Förundersökning inom eller intill området där Bettna by skall ha legat. Totalt grävdes 15 schakt, 2-4 m breda, 7-11 m långa samt 0,3-0,7 m djupa. I schakten påträffades en stenpackning, två härdar, tre sotfläckar samt ett par osäkra stolphål. Fynd, tillvaratagna av markägaren, från stenålder till medeltid, tyder på att fler anläggningar bör finnas.	
SÖ	HELGONA	KRISTINEHOLM 2	INV ID 32	UV MITT	SONJA WIGREN	1987	TELEKABELSCHAKT	FU	EXPL		-	-	Förundersökningen utfördes av tre orsaker: vid en tidigare antikvarisk kontroll påträffades en härd i området, närheten till fornlämning 32 samt ovissheten om var Riddartuna gamla bytomt legat. Tre ytor avschaktas (21x45 m,23x46 m,4x 19 m stora). Inget av antikvariskt värde framkom.	

LAND-SKAP	SOCKEN	PLATS	RAÄ NR	INSTITU-TION	GRÄV-NINGS-LEDARE	UN-DERS ÅR	EXPLOA-TERAT	UNDER-SÖKN-TYP	UNDER-SÖKN-ART	UNDER-SÖKT YTA	FYND	DATE-RING	BESKRIVNING	ANM
SÖ	BOTKYR-KA	ERIKS-BERGS INDOMR	94	UV MITT	BENGT ELF-STRAND MFL	1988	NYBYGG-NATION	FU	EXPL		KERAMIK, TEGEL, GLAS M M	VIK-1900-TAL	En fosfatkartering och en förundersökning gjordes. Fosfatkarteringen gav höga värden vid Kumla bytomt (fornl 94). Enstaka höga värden förekommer också i åkermark. Bytomten omnämns tidigast åren 1331 och 1453. Syftet var att fastställa om åkerytornas begränsningar till bytomten stämde med den tidigaste kartan från 1709 samt hur omfattande bytomtens äldsta delar var i dess sydöstra del. Bl a framkom ett kulturlager med mörkfärgningar.	
SÖ	TROSA	BRÅTA BYTOMT	359	UV MITT	BOJE PERSSON	1989	VÄG-BYGGE	FU	EXPL		-	NYARE TID	Förundersökningen gjordes norr om det tidigare exploaterade området Tomtaklint 11:1 och söder om Bråta gamla bytomt (fornl 359). Femton schakt togs upp. Schakten var i medeltal 10 m långa och 3 m breda. I tre schakt påträffades risdiken, anlagda i dränerande syfte. Eventuellt kan de även ha haft en sekundär funktion som gärdesbegränsning. Inga fynd eller osteologiskt material framkom.	
SÖ	SÖDER-TÄLJE	GENETA, KV PUM-PAN 1	63	UV MITT	ANDERS HEDMAN	1990	NYBYGG-NATION	FU	EXPL		KERAMIK, STEN-GODS M M	YNGRE JÄÅ-NU-TID	En avstyckning på ca 14 000 m^2 undersöktes med 5 schakt om 600 m^2. Dessa grävdes till ett djup av 0,4 m. Geneta omnämns i Vårfruberga klosters jordebok fr 1100-talet. Genomgång av arkivhandlingar styrkte antagandet att det undersökta kvarterets N och Ö del utgjordes av den gamla gårdstomtens läge. Vid undersökningen framkom gårdstomtens utbredning mot söder.	
SÖ	ÖVER-JÄRNA	KYLE-BERG 1	IN-TIL L 73	LÄNS-MUSEI-BYRÅN	PETER BRATT	1990	NYBYGG-NATION	FU	EXPL	102 LÖP-METER	SVART-GODS M M	JÄÅ ELLER TID MED	Området gränsar mot Tavesta bytomt (fornl 73). Målsättningen med förundersökningen var att fastställa om bebyggelsen som kan knytas till Tavesta tidigare har sträckt sig in på nämnda fastighet. Med maskinschakt konstaterades förekomst av boplatslämningar från förhistorisk tid som troligen har samband med Tavesta by. Sannolikt är lämningarna från jäå eller tidig medeltid. Det handgrävdes 6 st i kvm:s rutor.	
SÖ	HÄRAD	LILLA GREDBY	98	UV MITT	N-G NY-DOLF	1992	VÄG-BYGGE	FU	EXPL		-	FYND-DAT. 1700-T	Förundersökning vid bytomt (fornl 89) och husgrund (fornl 98) vid Lilla Gredby. Ett flertal schakt grävdes med maskin varvid stengrunder till fem hus samt flera spisrösen och två vattenbrunnar tillhörande gården framkom. Fynd påträffade i samband med husen kan ej föras längre tillbaka än 1700-talet. Inga kulturlager påträffades. I utkanten av gårsläget framkom en sannolik tjärdal.	
SÖ	ESKILS-TUNA STAD	ÅRBY (KLOS-TERS FS)		UV	D DAMELL	1968	VÄG-BYGGE	UN	EXPL		FÖRHIST KER, GLASE-RAD KER M M	VIK-NY-ARE TID	Komplettering av tidigare utförda undersökningar vid Årby genom utgrävning av en tidigare ej känd boplats. Möjliga stenfundament till byggnader samt odlingsrösen påträffades.	

LAND-SKAP	SOCKEN	PLATS	RAÄ NR	INSTITU-TION	GRÄV-NINGS-LEDARE	UN-DERS ÅR	EXPLOA-TERAT	UNDER-SÖKN-TYP	UNDER-SÖKN-ART	UNDER-SÖKT YTA	FYND	DATE-RING	BESKRIVNING	ANM
SÖ	HÄRAD	KYRK-BYN	59	UV MITT	D DAMELL MFL	1969	TOMT-AV-STYCK-NING	UN	EXPL		SÖLJOR, KNIV, SPIK M M	SEN VIK-TID MED	Inom undersökningsområdet, som ligger nära Härads kyrka, undersöktes 3 delvis sammanhängande skärvstenspackningar. Centralt under varje packning framkom rundade stenpackningar av obränt stenmaterial. Jordfyllningen var svart och sotig. Det är ovisst om stenpackningen under skärvstenen skall anses som gravar. Sannolikt tillhör de konstruktionerna på en boplats.	
SÖ	SÄTTER-STA	BALJE-STA	19	UV	P O RING-QUIST	1970	VÄG E4	UN	EXPL		SVART-GODS, SKÄRA, KAM M M	MEDEL-TID	Fyra gravar vid fornl 19 samt ett nyupptäckt område med boplatslämningar söder om gravfältet undersöktes. Området med boplatslämningar utgjordes av två parallellt löpande höjdryggar. De hade använts som betesmark. Boplatslämningarna omfattade härdar, skärvstensansamlingar, husväggsrester, fundament till rökfång, en stensträng samt stenpackningar av oviss funtion.	
SÖ	ESKILS-TUNA, FORS	MESTA	59	UV	-	1974	NYBYGG-NATION	UN	EXPL		KERAMIK, VÄV-TYNGD M M	YNGRE JÄÅ, NYARE TID	Mesta bytomt, genom kartan dokumenterad till 1600-talet, undersöktes. På bytomten lokaliserades ett svartjordsområde, i vilket en grävningsyta upptogs. Här framkom minst två byggnadsskeden, varav det äldsta utgjordes av en oregelbunden stenpackning med några gropar och ett stolphål. På denna nivå påträffades keramik av yngre jäå karaktär m m. Över detta lager fanns spår av en smedja fr 1600-tal.	
SÖ	ÖVEREN-HÖRNA	HUSBY BACKE	61	UV MITT	BENGT ELF-STRAND	1982-89		UN	FORSK		-	VIK-1700-TAL	En forskningsundersökning bekostad av stiftelsen Husby-Enhörna, utfördes i syfte att öka kunskapen om Överenhörna kungsgårds bebyggelsestruktur och datering. Området har visat sig omfatta två gravfält, ytterligare ett bebyggelseläge, terasseringar, stensträngar och odlingsrösen. Det har framkommit syllstenar, stolphål, gropar,spismursrösen,källargrund m m.	
SÖ	ÖVER-JÄRNA	KYLE-BERG 1	IN-TIL L 73	LÄNS-MUSEI-BYRÅN	PETER BRATT	1990	NYBYGG-NATION	UN	EXPL	480 M2	KERAMIK-SVART-GODS, LERKLI-NING	PREL YNGRE JÄÅ	Området gränsar mot Tavesta bytomt (fornl 73). Vid undersökningen avbanades boplatsytan ned till anläggningsnivå. Totalt framkom ett 80-tal anläggningar som stolphål, nedgrävningar, härdar mm. Ett fåtal föremål påträffades. Stolphålen i den nordvästra delen av boplatsområdet kan eventuellt knytas till två huslämningar. I den södra delen framkom stenläggningar på lera som sannolikt utgör delar av den gamla sockenvägen mot Överjärna kyrka.	
UP	DANDE-RYD	MÖRBY GÅRD		UV	GUSTAV RUDBECK	1977	SCHAKT-NING	AK	EXPL		-	-	I samband med schaktning på platsen för Mörby gård utfördes schaktningskontroll. Inga kulturlager eller andra lämningar påträffades.	

LANDSKAP	SOCKEN	PLATS	RAÄ NR	INSTITUTION	GRÄVNINGSLEDARE	UNDERS ÅR	EXPLOATERAT	UNDERSÖKNTYP	UNDERSÖKNART	UNDERSÖKT YTA	FYND	DATERING	BESKRIVNING	ANM
UP	KNIVSTA	ÄNGBY 2:1		UV MITT	KATARINA APPELGREN	1989	VA-LEDNING	AK	EXPL		EN SKÄRVA BII:4	-	En antikvarisk kontroll utfördes inom Ängby bytomt. Bytomten har enl äldre kartmaterial haft detta läge sedan mitten av 1700-talet. Äldsta kända belägg är dock från 1303. Skälet till kontrollen var, att utröna om äldre skeden än de i kartmaterialet kända fanns inom området. Inget av antikvariskt intresse framkom.	
UP	HUSBY-ÄRLINGH	HUSBY 6:12		SIGTUNA MUSEER	BJÖRN PETTERSSON	1991	SWIMMINGPOOL	AK	EXPL		SENTIDA SOPOR	EFTER 1850	Med anledning av schaktning inom en bytomt med närhet till yngre järnåldersgravfält genomfördes antikvarisk kontroll på gårdsplanen till Husby 6:12. Vid schaktningen framkom endast sopor som tegel, skrot, glas, sten mm i flera lager.	
UP	BRO	JURSTA		UV	-	1976	INDUSTRIBYGGNATION	AU	EXPL		-	-	En kulturhistorisk undersökning, varvid bl a kunde konstateras höga fosfatvärden i anslutning till två gravfält inom området. Sannolikt anger fosfatvärdena äldre bytomter. Området har även flygfotograferats.	
UP	ÖSTERÅKER	ÖVERSÄTTRA		UV MITT	K GRAUFELDS MFL	1984	-	AU	EXPL		-	-	En av fem boplatskoncentrationer med höga fosfatvärden var Översättras övergivna gårdsboplatser.	
UP	BONDKYRKO	RICKOMBERGA		UV MITT	SVERKER SÖDERBERG	1987	NYBYGGNATION	AU	EXPL		-	-	Exploateringen ligger inom Rickombergas gamla bytomtsområde. En specialinventering samt kart-och arkivstudier utfördes. Indikationer på kvarvarande äldre bebyggelselämningar noterades. Med hänsyn till detta och att Rickomberga måste ses som en viktig referensby för jämförelse med en sentida utvecklingen av det närbelägna Uppsala, föreslogs en förundersökning.	
UP	SOLLENTUNA	VIBY GÅRD	98	UV MITT	LENA BERONIUS MFL	1988	NYBYGGNATION	AU	EXPL		-	JÄÅ-MEDELTID	I syfte att fastställa, om exploateringsområdet för Viby gård berörde fornlämning, utfördes dels en fosfatkartering och fält- och arkivstudie, dels provschakt. Hela fornlämningsområdet består av två högar, två förmodade stensättningar och minst sex bebyggelselämningar, varav två finns belagda på sentida kartor. Viby medeltida by har förmodligen varit belägen norr om forlämning 98, på den plats som 1600-talets kartmaterial visar.	
UP	FRESTA	SANDA		ARKEOLOGIKONSULT AB	ROGER BLIDMO MFL	1989	NYBYGGNATION	AU	EXPL		-	JÄÅ-TIDIG MEDELTID	En kulturhistorisk utredning och fosfatkartering utfördes av området kring Sanda gård. Studier av kartor från 1636 och 1708 visade att Sanda gård då låg strax öster om nuvarande gårdsläget. Fosfatanalysen visade bl a på mycket höga värden vid impedimentet norr om ett gravfält (fornl 15). Denna boplats daterades till yngre jäätidig medeltid, alltså nuvarande Sanda gårds föregångare.	
UP	GOTTRÖRA	JOHANN ESBERG		ARKEOLOGIKONSULT AB	ROGER BLIDMO MFL	1989	GOLFBANA	AU	EXPL		-	JÄÅ-1700-TAL	På Johannesbergs säteri utfördes en kulturhistorisk utredning och fosfatanalys. Inom området fanns ett gravfält, ett tiotal ensamliggande gravar och Östra Rickeby gamla tomt.	

LAND-SKAP	SOCKEN	PLATS	RAÄ NR	INSTITU-TION	GRÄV-NINGS-LEDARE	UN-DERS ÅR	EXPLOA-TERAT	UNDER-SÖKN-TYP	UNDER-SÖKN-ART	UNDER-SÖKT YTA	FYND	DATE-RING	BESKRIVNING	ANM
UP	VADA	VADA PRÄST-GÅRD 1:1		UV MITT	BOJE PERSSON	1989	NYBYGG-NATION	AU	EXPL		KERAMIK-AIV, BII:4 M M	YNGRE JÄRNÅL-DER	En utredning i form av provschakt inom Vada bys medeltida bytomt. Sex schakt (1,5 x 3-7,5 m stora). I tre schakt framkom ett tämligen fett myllalager med inslag av bränd lera och bitvis rikligt med kolsplitter. Dessutom påträffades två gropar.	
UP	VAKSALA	VAKSALA 4:28		UV MITT	HANS GÖTH-BERG	1989	NYBYGG-NATION	AU	EXPL		-	-	Den västra delen av utredningsområdet berörde det tidigare läget för en gård i Vaksala kyrkby. Här fanns inga intakta kulturlager utan enbart sentida fyllnadsmassor med tegel m m.	
UP	ALSIKE	ALSIKE STAD	8,48	UV MITT	LEIF KARLENBY	1990	NYBYGG-NATION	AU	EXPL		KERAMIK, BR BEN	ÄJÄÅ-NY-ARE TID	En utredning i form av provschakt utfördes. På lokal 4 framkom resterna efter en övergiven del av bytomten till Ekeby. Lämningarna var till övervägande delen från senare tid, men framförallt i den östliga delen framkom spår av en tidigare bosättning, i form av stolphål och härdar. Ett fynd av förhistorisk keramik gjordes också här.	
UP	ALSIKE, KNIVSTA	PLAN-OMR ALSIKE STAD		UV MITT	KENT ANDERS-SON	1990	NYBYGG-NATION	AU	EXPL		-	-	En byråinventering och specialinventering utfördes. Bl a berörs lämningar från senare delen av järnåldern, dels i form av två bytomter vilka förmodligen har sina rötter i sen järnålder. Det rör sig om Ekebys by/gårdstomt, med ett äldsta omnämnande 1395 och Skäggesta bytomt. För Ekebys vidkommande berörs hela den gamla tomten medan Skäggestas endast tangeras.	
UP	BRO	SKÄLL-STA	24 MFL	UV MITT	ÅKE JOHANS-SON	1990	VÄG, NYBYGG-NATION	AU	EXPL		-	VIK-ME-DELTID	En specialinventering och arkivstudier. Inom området fanns en övergiven bytomt, två gravfält, en stensträng samt en osäker stensättning registrerad. Utredningen kunde påvisa att bytomten sannolikt har ett förhistoriskt ursprung samt att dess utsträckning är något större än tidigare känt.	
UP	GAMLA UPPSALA	OST-KUST-BANAN	134	UV MITT	HANS GÖTH-BERG	1990	JÄRN-VÄG	AU	EXPL		-	-	Arkeologisk utredning med specialinventering. I den södra delen passerar järnvägen tätt intill Gamla Uppsala kyrka och Uppsala högar. Vid den passagen kommer en del av Gamla Uppsala bytomt att beröras.	
UP	HAM-MARBY			UV MITT	BOJE PERSSON	1990	LED-NINGS-DRAG-NING	AU	EXPL		-	-	Utredningen genomfördes i två etapper med kart- och arkivstudier och provgrävning. Indikationer på medeltida lämningar erhölls genom historiska överläggskartor och medeltida skriftliga belägg. Även gårds och torplägen från efterreformatorisk tid lokaliserades. Ett flertal fornlämningar var inte registrerade sedan tidigare, det rörde sig om stensträngar och bytomter. Fem områden provundersöktes.	
UP	SOLLEN-TUNA MFL	AR-LANDA-BANAN		UV MITT	LARS SJÖSVÄRD MFL	1990	JÄRN-VÄG	AU	EXPL		-	-	En utredning i två etapper med både arkiv- och kartstudier och provschakt. Det finns indikationer på medeltid. Indikationerna består av gårds- och bylägen. Söder om Sollentuna kyrka undersöktes ett medeltida läge för kyrkbyn. Endast omfattande mängder påfört material framkom. Liknande var situationern för gårdsläget Skälby i Häggvik. Vid schaktning påträffades inget spår av gårdsläget.	

LANDSKAP	SOCKEN	PLATS	RAÄ NR	INSTITUTION	GRÄVNINGSLEDARE	UNDERS ÅR	EXPLOATERAT	UNDERSÖKN-TYP	UNDERSÖKN-ART	UNDERSÖKT YTA	FYND	DATERING	BESKRIVNING	ANM
UP	SVINNEGARN	HAGA 2:44 MFL	52 MFL	UV MITT	LARS WILSON	1990	GOLFBANA	AU	EXPL		-	JÄÅ-NYARE TID	En utredning i form av provschakt utfördes. Fem ytor, samtliga belägna i åkermark grävdes. I ytan söder om Haga gamla bytomt påträffades spridda kulturlager samt konstruktioner såsom stolphål, härdar och boplatsgropar. I kulturlagret påträffades dessutom bränd lera. Inom ytan kunde tre olika boplatsområden urskiljas. I samtliga dessa förekom störningar härrörande från nyare tid.	
UP	ÖSTERÅKER	HUSBY 2:14,2:15		UV MITT	BOJE PERSSON	1990	NYBYGGNATION	AU	EXPL		FAJANS, PORSLIN, YNGRE RÖDGODS	NYARE TID	En utredning inom Husby gamla bytomt. Här grävdes 10 provschakt (4,5x8x1,5x2,5 m breda och 0,20-0,300 m djupa. I två av schakten fanns mörkfärgningar i botten, troligen stolphål härrörande från staket eller tomtgräns. I ett av schakten framkom en stensamling med relativt stort inslag av tegel, möjligen ett spisfundament. Inga förhist eller medeltida fynd framkom.	
UP	ÖVERGRAN	KARINEDAL 3:11 MFL	70 MFL	UV MITT	HANS GÖTHBERG	1990	GOLFBANA	AU	EXPL		-	-	En specialinventering och fosfatkartering utfördes. Tidigare registrerade fornlämningar i området var: gravfält, gravgrupper, älvkvarnslokaler, sentida bebyggelselämning (219) samt bytomt (175-Säby). Vid utredningen påträffades bl a ytterligare en bytomt (286-Eneby).	
UP	NORRSUNDA MFL	ROSERBERG MFL	65 MFL	UV MITT	BIRGITTA SANDER	1990/91	JÄRNVÄG	AU	EXPL		-		Genom specialinventering och framtagande av historiska kartöverlägg kunde bl a bytomter lokaliseras och efter fosfatkartering och utredningsgrävningar flera boplatslägen bekräftas.	
UP	ÖSTRA RYD	BOGESUND 1:1 MFL	25, 26 MFL	UV MITT	GUNNAR ANDERSSON	1990/91	GOLFBANA	AU	EXPL		STENGODS M M	YNGRE JÄÅ, MEDELTID	En utredning bestående av kart- och arkivstudier, specialinventering, fosfatkartering och provschakt. I området finns bl a tidigare registrerat en bytomt med medeltida anor. Vid utredningen nyupptäcktes bl a ett boplatsområde som visade sig hysa medeltida bebyggelselämningar.	
UP	DANMARK MFL	NYBY MFL		UV UPPSALA	PER FRÖLUND	1991	NYBYGGNATION	AU	EXPL		-	-	Utredningen kunde bl a fastställa att i område F fanns ett övergivet gårdsläge och två by- och en gårdstomt med medeltida skriftliga belägg. De senare är inte övergivna.	
UP	ESTUNA	FÄRSNA		UV MITT	CAROLINA ANDERSSON	1991	NYBYGGNATION	AU	EXPL		-	-	Utredningen bestod av kart- och arkivstudier, specialinventering och en katering av husgrunder runt Färsna gård. Runt nuvarande Färsna gård katerades 20 idag synliga husgrunder. En jämförelse med äldre kartmaterial visar ett flertalet av husgrunderna öster om dagens gård kan härledas till 1700-1800-talens bebyggelse. De övriga husgrundernas ålder kan endast fastställas genom arkeologisk undersökning.	

LANDSKAP	SOCKEN	PLATS	RAÄ NR	INSTITUTION	GRÄVNINGSLEDARE	UNDERS ÅR	EXPLOATERAT	UNDERSÖKN-TYP	UNDERSÖKN-ART	UNDERSÖKT YTA	FYND	DATERING	BESKRIVNING	ANM
UP	HAMMARBY	EGGEBY 1:3 MFL	114 MFL	UV MITT	AGNETA SCHIERBECK	1991	VA-LEDNING	AU	EXPL		-	-	En specialinventering inom ramen för utredning av en 1,5 km lång sträcka. Utmed sträckan fanns tidigare ett gravfält, en stensättning, en medeltida bytomt och ett område med naturbildningar. Inom området påträffades en skadad husgrundslämning öster om, och i anslutning till bytomten. Redan i samband med utredningsarbetet flyttades vattenledningen något för att undvika ingrepp i husgrunden.	
UP	KALMAR	SKÖRBY S:1		UV UPPSALA	HANS GÖTHBERG	1991	NYBYGGNATION	AU	EXPL				En utredning med specialinventering utfördes. Invid den nutida Skörby gård upptäcktes kulturlager från den gamla bytomten.	
UP	VILLBERGA	VILLBERGA BY	-	UV UPPSALA	B ROSBORG	1991	NYBYGGNATION	AU	EXPL		YNGRE RÖDGODS, KOL	-	En specialinventering utfördes. I områdets sydöstra del påträffades lämningar efter en av hustomterna som tillhört Villeberga bys gamla bytomt. I den intilliggande åkern påträffades tegel, rödgods och kol.	
UP	EKERÖ	PRÄSTGÅRDEN 1:1 MFL	121	UV MITT	SOLVEIG BRUNSTEDT	1992	GOLFBANA	AU	EXPL				Genom kartstudier framkom plats för torp samt del av bytomt Torlunda. Vid specialinventering konstaterades tre boplatslägen och genom fosfatkartering ytterligare ett. Utredningsgrävning för fastställelse av fornlämningsstatus har ej genomförts inom utförd etapp av utredningen.	
UP	SOLLENTUNA	VIBY GÅRD	308	UV MITT	LENA BERONIUS	1992	NYBYGGNATION	AU	EXPL		-	-	Väster om Viby gård utfördes en utredning i form av provschakt. Ytan hade i sen tid odlats. Syftet var att konstatera om det även här fanns rester av den förhistoriska boplats som tidigare påträffats på och öster om Viby gårds tomt. Fyra schakt 1,7 m breda och mellan 25-32 m långa togs upp. Inget av antikvariskt intresse framkom.	
UP	NACKA	BOO GÅRD	12	UV MITT	CATHARINA FOLIN	1979	RENOVERING	FU	EXPL		HÄSTSKOR, SPIK M M	18-1900-TAL	Syfte att söka kartlägga intilliggande husgrunders utbredning och funktion. Det har ansetts att det kunde röra sig om en medeltida gårdsanläggning. Vid avtorvning framkom dels en sentida husgrund (1800-tal) samt rester efter något som ev kan vara en husgrund (äldre än den föregående). Eftersom fornl inte fick borttagas var en utgrävning omöjlig att genomföra. Endast provschakt drogs genom området.	
UP	LIDINGÖ	STICKLINGE	44	UV MITT	CARIN CLAREUS MFL	1981	-	FU	EXPL		PORSLIN, GLAS, RÖDGODS M M	OSÄKER	På platsen för numera rivna Sticklinge gård, som är känd sedan 1300-talet företogs en provundersökning med målsättning att försöka fastställa om bosättningen gick tillbaka till förhistorisk tid. Intill undersökningsplatsen ligger ett gravfält från vikingatid. Vid undersökningen framkom ej kända murrester samt ett par härdar. Kulturlagret var ca 0,5 m tjockt.	
UP	KNIVSTA	GREDELBY		UV MITT	ANDERS HEDMAN	1983	NYBYGGNATION	FU	EXPL		KERAMIK	JÄÅ, 16-1700-TAL	En fosfatkartering och en provundersökning som kompletterades med fältinventering, arkivstudier och genomgång av äldre kartor. Resultatet av undersökningarna blev bl a att Gredelby by lokaliserades och en kortare flyttning av byn beläggs till 16-1700-tal.	

LAND-SKAP	SOCKEN	PLATS	RAÄ NR	INSTITU-TION	GRÄV-NINGS-LEDARE	UN-DERS ÅR	EXPLOA-TERAT	UNDER-SÖKN-TYP	UNDER-SÖKN-ART	UNDER-SÖKT YTA	FYND	DATE-RING	BESKRIVNING	ANM
UP	TÄBY	AR-NINGE	64 MFL	UV MITT	ANDERS HEDMAN	1983		FU	FORSK		KERAMIK, HÄSTSKO	FÖRHIST, TIDIG MED	En provundersökning på platser där höga fosfatvärden och andra indikationer på äldre bosättning framkommit. Syftet var att lokalisera så många järnåldersboplatser som möjligt i området för att samla material till en bebyggelsestudie. Sju platser undersöktes. Ett av karemikfynden gjordes på Öster Arninge bytomt där också en tidigmedeltida hästskko, härdar och stophål framkom.	
UP	LITS-LENA MFL	POL-LISTA MFL		UV MITT	S SÖDER-BERG MFL	1985	VÄG E-18	FU	EXPL			BRÅ-MODERN TID	Förundersökningen gjordes i två etapper med specialinventering och efterföljande provundersökning. Provundersökningen berörde 39 områden varav endast 6 områden vid slutförd undersökning inte kunde karaktäriseras som fornlämning. Inom fyra områden konstaterades husgrunder och odlingsspår av medeltida eller yngre karaktär.	
UP	ÖSTER-ÅKER	RUNÖ	VID 106, 109	UV MITT	BIRGITTA SANDER	1985	NYBE-BYGG-ELSE	FU	EXPL	ca 600 m2	CII, PORSLIN, BEN, KRITPIPA M M	TIDIGAST 1700-TAL	En förundersökning gjordes öster om Runö gård. Den avsåg bl a att fastställa ev boplats i anslutning till gravfältet samt på Runö bytomt. Dessutom kontrollerades en uppgift om marknadsplats på 1700-tals kartan. Vid förundersökningen framkom en väg, en ägogräns, en broläggning, allt veriferbart på 1700-talskartan. Förundersökningen föregicks av en specialinventering och en fosfatkartering.	FÖREG AV INV, FOSFAT
UP	LITS-LENA	HAMMA R 16:1		UV MITT	HANS GÖTH-BERG MFL	1986	VÄG E-18	FU	EXPL		PILSPET-SAR, ARM-BORST-SPETSAR M M	MEDEL-TID	Prästtorp ligger i utkanten av Hammars allmänning. I detta område ligger och har legat ett flertal torp. Det mest markanta vid slutundersökningen var ett kulturlager beläget på en smal bergsrygg mellan två åkerytor. I detta sotfärgade lager framkom ett flertal fynd. Fynden var av klart medeltida karaktär.	PRÄSTT ORP
UP	ÖSTER-ÅKER	RÖL-LING-BYLEDEN	IN-TIL L 131, 163	UV MITT	BIRGITTA SANDER	1986	VÄG	FU	EXPL		-	-	Tre provgropar grävdes där i en av groparna ett ev stolphål framkom. Vid jämförelse med skifteskartan från 1700-talet syns en stängselmarkering över det aktuella området. Men läget och terrängen talar för att platsen även kan utgöra sydvästra delen av den gamla bytomten.	
UP	BOND-KYRKO	RICKOM-BERGA		UV MITT	S SÖDER-BERG MFL	1987	NYBYGG-NATION	FU	EXPL		-	-	Med tanke på läget, mitt i den gamla bytomten och närheten till gravfält gjordes en förundersökning. Det visade sig att området var kraftigt stört genom aktiviteter på 1800-talet. Spår av den medeltida byn (äldsta belägg 1316) framkom därför ej. I de ostörda perifera delarna i f d åkermark framkom förhist lämningar (härdar, stolphål). I områdets utkant i nordost ligger synliga lämningarna av gård "A" (enl 1700-talskarta). Föreslås kvarligga.	

LANDSKAP	SOCKEN	PLATS	RAÄ NR	INSTITUTION	GRÄVNINGSLEDARE	UNDERS ÅR	EXPLOATERAT	UNDERSÖKNTYP	UNDERSÖKNART	UNDERSÖKT YTA	FYND	DATERING	BESKRIVNING	ANM
UP	YTTERGRAN	BÅLSTA 2:58 MFL	37	UV MITT	HANS GÖTHBERG	1987	VÄG, NYBYGGNATION	FU	EXPL		JÄRNFRAG, PORSLIN, RÖDGODS M M	SEN TID?	Tre områden med boplatslämningar påträffades i åker- och betesmark varav ett ligger inom området för Bålsta bytomt. I anslutning till bytomten finns även bebyggelselämningar från sen tid. De fornlämningar som påträffats ligger i ett område där fornlämningar från yngre järnålder dominerar.	
UP	TÄBY	V ARNINGE	329	UV MITT	ANDERS HEDMAN	1988	DETALJPLAN	FU	EXPL		KERAMIK	FÖRHIST TID, MEDELTID	Fyra villatomter bedömdes beröra fornlämning 329, registrerad som två stensättningar och en stensträng, samt Väster-Arninges bytomt. Nio provschakt och en fosfatkartering gjordes. Vid undersökningen framkom härdar. En av tomterna, som ligger nära en runristning, berör ytterkanten av bytomten. Där påträffades kulturlager och anläggningar från förhistorisk tid i form av keramik och en härdrest.	HÄGERNEHOLM
UP	BRO	SKÄLLSTA	145	UV MITT	K APPELGREN MFL	1990	VÄGBYGGE	FU	EXPL		STENGODS, BRONSFINGERRING M M	JÄÅ?, 1250-1400	I vägsträckningen påträffades ett ca 125 m2 stort område med fyndförande kulturlager samt ett eventuellt spisröse. Ca 0,4 m under kulturlagret påträffades en härd. Kulturlagret fanns i hela vägsträckningens bredd utan begränsning.	LILLA ULLEVI
UP	FRESTA	SANDA	147	UV MITT	M OLAUSSON	1990	-	FU	EXPL		-	900-1100 e Kr	En välbevarad och komplex vikingatida och medeltida gård kunde registreras. Av den totala schaktytan om ca 900 m^2 upptogs ca 400 m^2 inom boplatsen. Ca 200 m^2 av dessa handgrävdes ned till kulturlager/anläggningsnivå. Tio 0,5 m stora provgropar upptogs inom boplatsen. Boplatsen omfattar en yta av ca 8000 m^2 varav ca 4000 m^2 utgörs av den vik/med gården.	
UP	KUNGSÄNGEN	SKÄLBY 5:1	34A	UV MITT	C ANDERSSON MFL	1990	NYBYGGNATION	FU	EXPL		KOL, TEGEL, PORSLIN, SPIK	-	Exploateringsområdet låg strax Ö om ett gravfält (fornl 34a). Dessutom låg enl 1755 års karta Skälby by i det aktuella området. Det äldsta skriftliga belägget för Skälby härrör från 1504. Det schakt som togs upp visade att ytan redan var urschaktad i samband med ett äldre hus.	
UP	SOLLENTUNA	VIBY GÅRD	308	UV MITT	CECILIA ÅQVIST	1990	NYBYGGNATION	FU	EXPL	225 M^2	A-, BI-, B11:4 GODS M M	VIK-TID MED-1700-T	En förundersökning inom Viby gård. Två ytor togs upp (125 m2 resp 100 m2). I en av ytorna handgrävdes fyra rutor. Ett fyndförande kulturlager med stratigrafi samt stengrunder och stolphål framkom. Stengrunderna kan sannolikt knytas till medeltid.	
UP	SOLLENTUNA	VIBY GÅRD	308	UV MITT	C ANDERSSON MFL	1990	NYBYGGNATION	FU	EXPL	210 LÖPM	TEGEL, GLAS, YNGRE RÖDGODS	MEDELTID-NYARE TID	En förundersökning söder om Viby gård. Viby gård omnämns första gången i skriftliga källor 1299. Syftet med förundersökningen var att utröna fornlämningens utbredning inom och strax söder om den planerade huskroppen. Endast i områdets östra del framkom arkeologiska lämningar i form av stenläggningar och stensyllar.	

LANDSKAP	SOCKEN	PLATS	RAÄ NR	INSTITUTION	GRÄVNINGSLEDARE	UNDERS ÅR	EXPLOATERAT	UNDERSÖKNTYP	UNDERSÖKNART	UNDERSÖKT YTA	FYND	DATERING	BESKRIVNING	ANM
UP	UPPSALA	BOLÄNDERNA 5:1	37	UV MITT	THOMAS ERIKSSON	1990	NYBYGGNATION	FU	EXPL	111 LÖPM	TEGEL, HÄSTSKO, BEN M M	MEDELTID-NYARE TID	En förundersökning av ett område med åtta stensättningsliknande lämningar. Undersökningsytan ligger vid platsen för Sätuna gamla bytomt (fornl 111). Byn var under medeltiden den största i Vaksala härad och omnämns för första gången 1221. Under 1600-talet försvann byn och ägorna inkorporerades i Uppsala stad. Inom området drogs tre schakt. Här framkom ett kulturlager, stolphål och syllstenar.	
UP	ÖSTERÅKER	RUNÖ BY 7:112	246	UV MITT	BOJE PERSSON MFL	1991	PARKERINGSPLATS	FU	EXPL	92 LÖPM	RÖDGODS, FAJANS, KRITPIPOR M M	1600-1700-TAL	I området upptogs sex schakt som berörde bytomtens sydöstra del. I samtliga schakt förekom kulturlager av olika karaktär. De fyndförande lagren av 1600-1700-alskaraktär koncentrerade sig till den östra delen medan i den västra påträffades enbart tegel. Av bebyggelseindikationer framkom stensyllar bl a till en byggnad som återfinns på 1759 års karta. Vidare framkom sex stolphål som inte närmare kan dateras.	
UP	LENA	VATTHOLMA	84, 85	UV UPPSALA	D FAGERLUND MFL	1992	VA-LEDNING	FU	EXPL		-	-	VA-nätet kom delvis att löpa inom skyddsområdet för två gravfält samt i nära anslutning till Trollbo senmedeltida bytomt. I den östra delen av schaktet framkom två ovanpå varandra liggande kulturlager. Det övre grusiga lagret, som innehöll bl a tegel och rödgods, har troligen ett samband med den senmedeltida bytomten. I steril sand framkom bl a stolphål.	
UP	NORRSUNDA	SÄBY	167	UV MITT	C ANDERSSON MFL	1992	JÄRNVÄG	FU	EXPL	1280 LÖPM	SVARTGODS, RÖDGODS, VÄVTYNGD M M	YNGRE JÄÅNYARE TID	En förundersökning på Säby gamla bytomt. På den äldsta kartan från 1710 är Säby utmärkt med två hussymboler och kartan från 1814 visar två kringbyggda gårdar. Säby är tidigast belagt 1349. Bytomten avhyses i början på 1900-talet. I schakten påträffades kulturlager, stolpål, härdar m m. I kulturlagret handgrävdes 32 provrutor.	
UP	NORRSUNDA	VALSTA	165	UV MITT	ANN-MARI HÅLLANS MFL	1992	JÄRNVÄG	FU	EXPL	483 LÖPM	SVARTGODS, RÖDGODS,-MYNT M M	YNGRE JÄÅNYARE TID	En förundersökning på Valsta bytomt. Äldsta belägg för Valsta är 1300. Byn Valsta bestod under mitten av 1600-tal av två frälse och en skatte gård. Byn avhystes under slutet av 1600-tal vid tillkomsten av säteriet Vallstanäs. Äldsta kartan från 1710 visar endast ett torp på platsen. Elva maskingrävda schakt och nio handgrävda provrutor gjordes. Det framkom kulturlager, stolphål, härdar m m.	
UP	YTTERÖVERGRAN	LUNDBY MFL	280 MFL	UV UPPSALA	THOMAS ERIKSSON	1992	JÄRNVÄG	FU	EXPL		-	-	En bytomt, Högsta, berörs bl a av exploateringen.	
UP	LUNDA	NORRBY		UV	MONICA MODIN	1964-65	VÄGBYGGE	UN	EXPL		-	MED OCH YNGRE	Under 1965 slutfördes den redan föregående höst påbörjade undersökningen av gravfält nr 8. En stor oregelbunden stenpackning med minst en säker grav samt rester av ett medeltida och yngre boplatslager undersöktes.	

LANDSKAP	SOCKEN	PLATS	RAÄ NR	INSTITUTION	GRÄVNINGSLEDARE	UNDERS ÅR	EXPLOATERAT	UNDERSÖKNTYP	UNDERSÖKNART	UNDERSÖKT YTA	FYND	DATERING	BESKRIVNING	ANM
UP	BRO	RÅBYOMRÅDET	66	UV	P O RINGQUIST	1970	BOLLPLAN, LEDNING	UN	EXPL		MYNT, GLASERAD KERAMIK M M	MEDELTID-NUTID	I samband med att ett gravfält (fornl 66) undersöktes framkom boplatslämningar i form av en husgrund, stensträng och ett odlingsröse. Över hela området låg tegel, obrända ben samt glaserad keramik.	
UP	DANMARK	DANMARKS BY 8:1	100	UV	A SJÖBERG	1970	VÄG E4	UN	EXPL		KERAMIK, HÄSTSKOR, BRONSKNAPP M M	EV MEDELTID	I samband med undersökningen av ett gravfält (fornl 100) framkom ett större svårtolkat område med delvis kantställda stenar, samt ett sentida boplatsområde med en husgrund, stensamlingar och härdgropar. Boplatslämningarna kan möjligen vara medeltida.	
UP	SPÅNGA	KYMLINGE GML BY		SSM	-	1973	NYBYGGNATION (JÄRVA)	UN	EXPL		SIGILLSTAMP, PÄRLA, KAMMAR M M	TID MED OCH FRAMÅT	Den sedan 1920 övergivna byplatsen undersöktes. En fosfatkartering kompletterades med provschakt vilka utvidgades till rutor och grävdes ned till orörd mark. Bebyggelserester framkom i form av stolphål, härdar, grundsocklar.	
UP	FRÖTUNA	ÖSTHAMRA	47-48	UV	-	1975	VÄGBYGGE	UN	EXPL		KERAMIK, MYNT, LERGODS M M	VIK-1875	Undersökningsområdet låg på en sydsluttning av en stor delvis jordtäckt bergsklack med terasseringar. Två gravfält i anslutning. De två undersökta gårdstomterna bestod av två fyrsidiga gårdar, som skildes åt av en gammal byväg. Sammanlagt fanns 21 synliga husgrunder. Tre brunnar, stensträngar, fägator framkom. I det understa skiktet i den V gården framkom härdar, stolphål, gropar med förhistorisk keramik.	
UP	HÅLLNÄS	LINGNÅRE 2:5		STHLMS UNIV, ARK INST	ANDERS BROBERG	1981		UN	FORSK	140 M²	BEN M M	VIK	Inom ramen för forskningsprojektet "Individen, Samhället och Kulturlandskapet" gjordes två undersökningar på platsen för den under senmedeltid ödelagda byn Lingnåre. Målsättningen var främst att få fram ett artefakt- och osteologmaterial för att därigenom erhålla en bild av bebyggelsens näringsmässsiga inriktning samt konstatera om mlokalen var den medeltida bytomten. Bl a framkom en smedja och ett boningshus.	
UP	VADA	VADABY		UV MITT	ANDERS HEDMAN	1981	VÄGBYGGE	UN	EXPL		SVARTGODS, BRYNE	MEDELTID	Delar av ett kulturlager undersöktes. Detta sträckte sig över merparten av Vadabys Kyrkbacke. Kulturlagret var av s k torr typ och endast decimeter tjockt. I botten av kulturlagret fanns ett tiotal stensamlingar och gropar, varav åtminstone ett stolphål med skoning.	
UP	HÅLLNÄS	ÄNGVRETA 2:6		STHLMS UNIV, ARK INST	ANDERS BROBERG	1982		UN	FORSK		MYNT, BOPLATSMATERIAL	11-1350	Inventering, fosfatkartering och delundersökning av nyfunnen boplats. Inom ramen för boplatsundersökningarna på Lingnåre undersöktes delar av ett gårdskomplex på Lingnåre medeltida bytomt. Undersökningens målsättning är att datera bebyggelsen, liksom att få fram ben- och makrofossilmaterial. Undersökningen fortsätter.	

LANDSKAP	SOCKEN	PLATS	RAÄ NR	INSTITUTION	GRÄVNINGSLEDARE	UNDERS ÅR	EXPLOATERAT	UNDERSÖKNTYP	UNDERSÖKNART	UNDERSÖKT YTA	FYND	DATERING	BESKRIVNING	ANM
UP	KNIVSTA	GREDELBY	34 MFL	UV MITT	ANDERS HEDMAN MFL	1984-85	VÄG, NYBYGGNATION	UN	EXPL		ÄLD RÖDGODS, VIK KERAMIK, KAM M M	ÅR 0-1900-TAL	Undersökningen föregicks av en förundersökning som omfattade ett område med bebyggelselämningar, gravar, stensträngssystem från flera olika perioder. Den äldsta kartan över Gredelby är från 1636 och äldsta belägg är 1303. Det framkom husgrunder från periden 0-500 till 1900-tal.	
UP	LITSLENA	SKÄGGESTA	O-REG	UV MITT	HANS GÖTHBERG MFL	1986	VÄG E-18	UN	EXPL		PILSPETSAR, PÄRLOR, KERAMIK	VENDMEDELTID	Boplatsen låg i åkermark. Undersökningen omfattade en yta av 13 000 m² inom vilken stolphål, härdar och avfallsgropar m m påträffades. Lämningar av 21 hus framkom. Fynd från medeltid och nyare tid finns också, bla från några avfallsgropar och en stenlagd broläggning. Någon form av aktivitet har således funnits på platsen även under detta senare skede, men exakt vad är oklart eftersom kulturlagret hade blivit sönderplöjt.	
UP	ÖSTERÅKER	ÖVERSÄTRA	466	UV MITT	R FERNHOLM MFL	1986	NYBYGGNATION	UN	EXPL		KERAMIK M M	YNGRE VIK-TIDIG MED	Fornlämning 466, en bytomt från 1900-talet saknade rester av äldre bebyggelse, undantaget ett moränimpediment på 500 m². På impedimentet framkom ett 200 m² stort kulturlager innehållande bl a vendiskt svartgods samt inhemsk keramik av vikingatida typ. Resterna av ett boningshus och ett stolphus framkom. Den förmodade medeltida bytomten påträffades 100 m söderut, utanför undersökningsområdet.	
UP	YTTERGRAN	BÅLSTA	76	UV MITT	MARIANNE SUMMANEN	1986-87	VÄG E-18	UN	EXPL		KERAMIK, PÄRLA M M	VIK-NYARE TID	En undersökning nordväst om Bålsta gamla bytomt. Anläggningar i form av stolphål, nedgrävningar mm dokumenterades. Ur detta kunde utläsas långhus, ett grophus, en brunn samt flera härdar och avfallsgropar. Dessutom framkom ett större fyndförande kulturlager. Anläggningarna tolkades som perifera anläggningar hörande till bytomten.	
UP	ÖVERGRAN	POLLISTA	228	UV MITT	KENNETH SVENSSON MFL	1986-90	VÄGBYGGE	UN	EXPL		-	VIK, MED, NYARE TID	Under 1986-87 gjordes en undersökning av den norra delen av Pollista bytomt. En fortsatt undersökning gjordes 1989-90 av den södra delen. Pollista har utnyttjats som bosättning kontinuerligt från vikingatid fram i 1900-tal. Här framkom kulturlager och anläggningar som stolphål, gropar, ett grophus, stensyllar och stenläggningar.	UND PÅGICK EJ 1988
UP	VALLENTUNA	BÄLLSTA 2:547	219	UV MITT	LARS SJÖSVÄRD	1988	NYBYGGNATION	UN	EXPL		-	VIK, 16-1800-TAL	Ett gravfält undersöktes (fornl 219). Möjlighet fanns också att påträffa tidigare bebyggelselägen för Bällsta gård, vilka indikeras av de äldsta lantmäteriakterna. Antydan till terasseringar visade ursprungliga bebyggelselägen, men ingenting av byggnader återstod.	

LANDSKAP	SOCKEN	PLATS	RAÄ NR	INSTITUTION	GRÄVNINGSLEDARE	UNDERS ÅR	EXPLOATERAT	UNDERSÖKN-TYP	UNDERSÖKN-ART	UNDERSÖKT YTA	FYND	DATERING	BESKRIVNING	ANM
UP	SOLLENTUNA	VIBY		UV MITT	LENA BERONIUS MFL	1989	NYBYGGNATION	UN	EXPL	400 M²	STENGODS, MYNT M M	YNGRE JÄÅ-NYARE TID	Slutredovisningen redovisar utredning och för- slutundersökning. Genom bl a kartstudier konstaterades att Viby gård låg på den plats där nuvarande Viby gård är belägen. Vid slutundersökningen undersöktes ett ca 400 m² stort område. Här framkom härdar, stolphål, gropar och ett grophus. Endast 64 m² av det 0,2-0,5 m tjocka, tvåskiktade kulturlagret undersöktes. Ett flertal husgrunder framkom. Ingen av dessa kunde med säkerhet sägas vara medeltida.	
UP	BRO	SKÄLLSTA	145	UV MITT	K APPELGREN MFL	1990	VÄGBYGGE	UN	EXPL	125 M²	BRAKTEAT, STENGODS M M	YNGRE JÄÅ, MEDELTID	En undersökning invid fornlämning 145. Platsen kallas Lilla Ullevi och har skriftliga belägg från 1326. Huvuddelen av ett kulturlager öster om fornlämning 145 undersöktes. Under det mellan 5 och 10 cm tjocka kulturlagret påträffades även tre stolphål. I vägsträckningens östra begränsning påträffades även delar av ett hus. Detta bestod av stolphål samt två härdar.	
UP	TÄBY	ÖSTERARNINGE	374	UV MITT	MICHAEL OLAUSSON	1990	NYBYGGNATION	UN	EXPL		VIK KERAMIK, BRONSBLECK, BR BEN	VIK,1600-T-1979	Undersökningen föranleddes av att långt framskridna markarbeten utförts inom Öster Arninge bytomt. Skadorna uppskattas till minst 60% av den ursprungliga bytomten (ca 10 000 m²). Bytomten var varken R- eller "blåmarkerad" trots omedelbar närhet till gravfält. 1700 m² schaktades med maskin och ca 200 m² handgrävdes. Framkomna anläggningar utgörs av stolphål, härdar, gropar av diffus karaktär.	
UP	FRESTA	SANDA	147	UV MITT	M OLAUSSON MFL	1990-91	NYBYGGNATION	UN	EXPL		-		Inom etapp I av undersökningen avtorvades och undersöktes ca 60% av den totala ytan. Det aktuella undersökningsområdet utgörs av en ca 10 000 m² stor boplats. Nuvarande Sanda gård (äldsta belägg 1408) är belägen ca 300 m väster om undersökningsområdet. Endast en mindre torplämning finns i området västligaste del. Inom området framkom både stolphus, grophus och hus med syllstenar.	
UP	HUSBY-ÄRLINGH	ÄLGESTA 5:1		SIGTUNA MUSEER	LOUISE DEUTGEN	1991	NYBYGGNATION	UN	EXPL	260 M2	KERAMIK AII, AIV	SENVIKTIDMED, NUTID	Under samma år gjordes två undersökningar inom Älgesta by. År 1773 var byn en radby bestående av fyra gårdar. Älgesta by omnämns på två stycken runstenar från 1000-talet. Vid maskinavbaningen framkom ett eller flera långhus med stolphål och ett eller tvåsmå syllstenshus. Anläggningarna tolkades som delar av en vik/tidmed bytomt med kontinuitet i dagens gårdsläge.	
UP	VALLENTUNA	KRAGSTA 1:50	82	UV MITT	C ANDERSSON MFL	1991	NYBYGGNATION	UN	EXPL		VÄVTYNGDSFRAG, YNGRE RÖDGODS M M	VIK-1800-T	Kragsta bytomt skadades i samband med nybyggnation. Med anledning av de uppkomna skadorna gjordes en efterundersökning. Denna syftade till att dokumentera skadorna samt de kulturlager som låg exponerade i de vid byggnationen upptagna schakten. Sammanlagt fyra schakt var gjorda, i samtliga fanns kulturlager. Kulturlagret var 0,2-0,3 m tjockt.	

LANDSKAP	SOCKEN	PLATS	RAÄ NR	INSTITUTION	GRÄVNINGSLEDARE	UNDERS ÅR	EXPLOATERAT	UNDERSÖKNTYP	UNDERSÖKNART	UNDERSÖKT YTA	FYND	DATERING	BESKRIVNING	ANM
UP	ÖVERGRAN	APALLBODA 1:2 MFL	280	UV UPPSALA	THOMAS ERIKSSON MFL	1992	JÄRNVÄG	UN	EXPL		RÖDGODS, ARMBORSTPILSPETS M M	BRÅ-1870-TAL	Tre områden undersöktes. Ett av områdena låg omedelbart söder om Högsta gamla bytomt (fornl 280). Byn omnämns första gången 1396 och flyttades i samband med järnvägsbygget på 1870-tal. I schaktet påträffades kulturlager med fynd från olika perioder (förhist-efterref tid). Även anläggningarna hade skilda karaktärer, härdar och stolphål av förhistorisk karaktär tillsammans med senare diken, hägnader.	
UP	NORRSUNDA	SÄBY	167	UV MITT	C ANDERSSON MFL	1992-93	JÄRNVÄG	UN	EXPL		KERAMIK: AIV, CII, BII:4 M M	YJÄÅ-NYARE TID	Säby bytomt med medeltida anor undersöktes. Området uppgick till totalt 24 500 m² varav ca 7000 m² täcktes av kulturlager. Totalt kommer 30% av kulturlagret samt alla anläggningar att undersökas. Syftet med undersökningen var att söka bosättningens struktur och dess förändring över tiden. Undersökningen under 1992 visar en komplex lagerbild i bosättningens centrala delar där sannolikt hantverksaktiviteter förekommit.	
UP	NORRSUNDA	VALSTA	165	UV MITT	ANN-MARI HÅLLANS	1992-93	JÄRNVÄG	UN	EXPL		KERAMIK: AIV, CII, BII:4 M M	YJÄÅ-1700-TAL	Byn Valsta med medeltida anor undersöktes. Området uppgick till totalt 10 000 m² varav hälften täcktes av ett kulturlager. Totalt kommer 30% av kulturlagret samt alla anläggningar att undersökas. Målsättningen med undersökningen är att söka kunskap om bosättning. Upp till tre bebyggelsenivåer kan urskiljas.	
UP	ÖSTERÅKER	RUNÖ BY	246	UV MITT	BOJE PERSSON	1989	VA-LEDNING	UN?	EXPL	47 LÖPM	YNGRE RÖDGODS, KRITPIPSHUVUD	16-1700-TAL	En undersökning inom Runö bytomt (fornl 246). Schaktet var 3 m brett och berörde byns östra del. I den mellersta delen av schaktet påträffades delvis brända, fragmentariska trärester och ett ca 0,2 m tjockt kulturlager. Två provschakt har tidigare upptagits inom fornlämningsområdet. Då påträffades en ägogräns.	
VB	PITEÅ LANDSFÖRS	BERGET 10:25		LANDSANT I LULEÅ	K LUNDHOLM	1974		FU	FORSK		KERAMIK, TEGEL	17-1800-TAL	I syfte att inom forskningsprojektet "Kyrkbyundersökningen" återfinna den i skriftliga källor belagda medeltida bosättningen i Långnäs gjordes en provundersökning. Ett 30-tal provytor samt en större grävyta upptogs. Härvid framkom talrika spisrösen i provgropar, varvid samtliga bedömdes vara fr 1700-tal och senare.	
VB	JÖRN	KÅTASELET 1:2 V	67	VÄSTERB MUSEUM MFL	LENNART SUNDQVIST	1977-80	SKOGSAVVERKNING	UN	EXPL		LERGODS, ASBETSKERAMIK, MYNT M M	CA 1500-TAL	Undersökt under 1977-79. Vid undersökningen har framkommit en husgrund som tidigare ej påträffats i övre Norrlands inland. Utanför husgrunden påträffades en smidesplats.	LAPPVIKEN
VB	ÖVERTORNEÅ	ÖN SKOMAKAREN	66-67	RAÄ, FD	PETER NORMAN	1988		UN	FORSK		-	15-1600-TALEN	I samband med fornminnesinventeringen i Norrbottens läns skärgård delundersöktes i kunskapsuppbyggande syfte fyra tomtningar i Haparanda skärgård. Tomtningarna karaktäriseras av enkla stenvallar med inslag av jordfasta block. Stenvallarna innesluter aktivitetsytor. I tre tomtningar påträffades kulturlager. I två av dessa fanns tydliga härdrester. Träkolsprov togs för datering.	

LAND-SKAP	SOCKEN	PLATS	RAÄ NR	INSTITU-TION	GRÄV-NINGS-LEDARE	UN-DERS ÅR	EXPLOA-TERAT	UNDER-SÖKN-TYP	UNDER-SÖKN-ART	UNDER-SÖKT YTA	FYND	DATE-RING	BESKRIVNING	ANM
VG	SALEBY	SALEBY 10:20		SKARA-BORGS LÄNSM	YLVA NILSON	1986	NYBYGG-NATION	AK	EXPL		KERAMIK, SLÄND-TRISSA M M	VIK-ME-DELTID	Dolda fornlämningar framkom vid en antikvariskkontroll. De nyupptäckta fornlämningarna bestod av av 4 kokgropar, 3 stolphål samt ett ca 1,5 m brett stråk av en kulturlagerrest. Boplatsområdet kan möjligen härröra från den medeltida bytomten.	
VG	RÅDA	RÅDA 4:1	13	SKARA-BORGS LÄNSM	MARIA VRETE-MARK	1987	NYBYGG-NATION	AU	EXPL		KNIV, KER AMIK, LERKLI-NING	VIK-TI-DIG MED	En arkeologisk utredning gjordes i ett område som gränsar till ett tidigare undersökt boplatskomplex från vik/tidig medeltid samt ett större järnåldersgravfält (fornl 13). En fosfatkartering och provschakt med maskin utfördes. Förhöjda fosfatvärden samt förekomst av 0,1-0,8 m tjocka kulturlager under plogskiktet visade att den tidigare kända boplatsen sträckte sig in på denna fastighet. Av anläggningar framkom en härdbotten samt ett lergolv.	
VG	LAND-VETTER	BJÖR-RÖD 1:3 MFL	39	BOHUS-LÄNS MUSEUM	ROGER NYQVIST	1990	NYBYGG-NATION	AU	EXPL		-	STÅ-NY-ARE TID	Området innehåller bl a en bytomt, känd sedan 1550-talet. Dock är läget inte känt förrän laga skifte 1831.	
VG	BORÅS	HESTRA	-	UV VÄST	ANNA-LENA GERDIN	1991	DETALJ-PLAN	AU	EXPL		-	-	Ett 235 ha stort område utreddes. Hestra utgör ett skattehemman 1647. Vid fältinventeringen hittades byggnadslämningar, odlingsrösen, gravar m m. Området bör förundersökas eftersom gården Hestra kan ha medeltida ursprung och området är relativt intakt. Syftet skulle vara att skaffa information om områdets koloniseringsfas och markutnyttjande, samt avgränsa fornlämningsområden.	
VG	RÅDA	BRÅTA 2:2 MFL	95	BOHUS-LÄNS MUSEUM	OSCAR ORTMAN	1991	DETALJ-PLAN	AU	EXPL		-	-	Avsikten med utredningen var att undersöka misstankar om en medeltida bytomt. Med maskin grävdes provgropar. Utredningen kunde inte belägga någon medeltida beyggelse inom de undersökta områdena.	
VG	BERG-HEM	HULA-TORP 3:3 MFL	10	UV VÄST	GUNDELA LINDMAN	1992	VÄG-BYGGE	AU	EXPL		-	BRÅ-JÄÄ	Omkring 100 m Nö om, en vid utredningen påträffad boplats, påträffades fragmentariska byggnadsrester. Dessa tolkades härröra från kronogården, vars södra del låg här enl äldre kartmaterial. Gården är belagd sedan 1500-talet.	
VG	KINNA-RUMMA	BJÖRKE-RED 1:2,1:3		UV VÄST	MAGNUS STIBEUS	1992	GRUS-TÄKT	AU	EXPL		-	-	Sju mindre områden inom och i nära anslutning till Björkereds bytomt berördes. Grustäkten påverkade centralt liggande ytor inom bytomten och bedömdes därför kunna innehålla högmedeltida bebyggelselämningar. Äldsta omnämnande 1558. Vid fältarbetet framkom inga medeltida el 1600-talslämningar från bebyggelsen Björkered.	
VG	GÖTE-BORGS STAD	STG 19928	15:1 60	GÖTE-BORGS ARK MUSEUM	-	1968	INDUST-RIOMR	FU	EXPL		-	HIST TID	Platsen för Syrhåla by kontrollundersöktes. Endast föremål och avfall från historisk tid framkom.	

LAND- SKAP	SOCKEN	PLATS	RAÄ NR	INSTITU- TION	GRÄV- NINGS- LEDARE	UN- DERS ÅR	EXPLOA- TERAT	UNDER- SÖKN- TYP	UNDER- SÖKN- ART	UNDER- SÖKT YTA	FYND	DATE- RING	BESKRIVNING	ANM
VG	SÖDRA KEDUM	SKATTE- GÅRDEN 3:1 MFL	24	SKARA- BORGS LÄNSM	BENGT NORD- QVIST	1984	CYKEL- GÅNG- VÄG	UN	EXPL		BR BEN, SLAGG, KERAMIK	ÄLDRE JÄÄ-ME- DELT!D	Området utgjordes före exploatering av odlad mark varför inga lämningar var synliga ovan jord. De 90 delvis svårt skadade anläggningarna som påträffades kan delas upp i tre kategorier: boplats från äldre järnålder, gravfält från yngre järnålder samt järnframställningsplats under den medeltida byn.	
VG	RÅDA	BRÄDDE- GÅRDEN 4:10	13	SKARA- BORGS LÄNSM	MARIE VRETE- MARK	1984	NYBYGG- NATION	UN?	EXPL		KER, PÄRLA, BEN, NITAR	YNGRE JÄÄ-TID MED	Området gränsade till ett gravfält (13). Vid matjordsavbaning framkom gravar. Dessutom hittades härdar, avfallsgropar, stolphål som kunde hänföras till yngre jää ev tidig med, dels till 1600-tals bosättning. Lämningarna var mycket skadade av tidigare odling.	
VRML	GUNNAR SKOG	SKRAM- LE		VÄRM- LANDS MUS	SOFIA ANDERS- SON MFL	1990		FU	FORSK				Den medeltida ödegården Skramle var inte möjlig att exakt lokalisera utifrån vare sig äldre kartmaterial eller muntlig tradition. Förundersökningen syftade därför till att hitta gårdsläget. Vid undersökningen påträffades bl a en härd som kunde 14C-dateras till 1400-tal.	
VRML	GILL- BERGA	MJÖT- TAN	98,1 81	VÄRM- LANDS MUS	SOFIA ANDERS- SON MFL	1991		UN	FORSK		-	-	Undersökningsobjektet var Mjöttans ödegård. Syftet var att undersöka vilka lämningar som bör finnas på en medeltida ödegård och vilka spår dessa lämningar kan tänkas avsätta i terrängen. Mjöttan uppträder för första gången 1540 som ett domkyrkogods. På en karta från 1778 anges Mjöttan som obebyggd. Det föreföll troligt att gården hade medeltida anor. Två schakt grävdes (7x6 m och 7x4 m). I dessa framkom huslämningar.	
VRML	GUN- NAR- SKOG	LILLA ÅRBOT- TEN	-	VÄRM- LANDS MUS	SOFIA ANDERS- SON MFL	1991		UN	FORSK				Gården Årbotten omnämns 1503. Syftet är att utreda frågor rörande vilka lämningar som bör finnas på en medeltida bytomt, och hur dessa lämningar ser ut.	
VRML	GUN- NAR- SKOG	SKRAM- LE		VÄRM- LANDS MUS	SOFIA ANDERS- SON MFL	1992		UN	FORSK		SPIK, LERKLI- NING, ELDSL FLINTA	-	Skramle är en medeltida ödegård, känd i muntlig tradition men okänd i skriftliga källor. År 1990 gjordes en förundersökning för att lokalisera läget för gården. Detta år gjordes en fosfatkartering av ett större område samt en undersökning av två ytor. Hus som tolkades som boningshus och ekonomibyggnader framkom.	
VSM	VÄSTER- ÅS	KV HÄLLA 5		VÄST- MANL LÄNS MUSEUM	THOMAS ENGEL	1987	NYBYGG- NATION	AK	EXPL		-	-	Anläggningen, Lundby bytomt, kontrollerades pga misstanke om kulturlagerförekomst.	
VSM	KÖPING	HAGELS- BERGA BY	26	UV	-	1974	VÄG- BYGGE	AU	EXPL		KERAMIK, JÄRNFÖR EM M M	16-1800- TAL?	Ett område inom Hagelsberga by karterades. Området består av tre gårdar, var och en med flera hus. Området är känt från äldre kartmaterial. Berörda av vägen var enbart uthus i områdets östra del. Fem provschakt drogs, bl a över en lada i södra delen.	

LANDSKAP	SOCKEN	PLATS	RAÄ NR	INSTITUTION	GRÄVNINGSLEDARE	UNDERS ÅR	EXPLOATERAT	UNDERSÖKNTYP	UNDERSÖKNART	UNDERSÖKT YTA	FYND	DATERING	BESKRIVNING	ANM
VSM	BADELUNDA	STENÅLDERSG-LUNDA	597 MFL	UV MITT	ÅSA SVEDBERG	1989	NYBYGGNATION	AU	EXPL		KERAMIK M M	STÅ-NYARE TID	En utredning i form av fosfatkartering, kart/-arkivstudier samt provschakt utfördes inom en 160 000 m^2 stor yta. Fosfatkarteringens högsta värden, som kan indikera en äldre bytomt, utföll i åkermark söder om Lunda. Kart/-och arkivstudier har visat ett äldre gårdsläge, i hagmark i nordväst, för Lunda. Vid schaktningen framkom boplatsindikationer av varierande slag.	
VSM	DINGTUNA MFL	-		UV MITT	ÅSA SVEDBERG	1989	NYBYGGNATION	AU	EXPL		KVARTAVSLAG M M	-	En utredning i form av kart- och arkivstudier, fosfatkartering, provschakt samt specialinventering utfördes inom ett 525 000 m^2 stort område. I området finns bl a äldre gårdsplatser. Fornlämningsindikationer enl äldre kartmaterial sammanfaller väl med höga fosfatkoncentrationer till eventuell bytomt och till registrerade fornlämningar.	
VSM	KÖPING MFL	-	-	UV MITT	HANS GÖTHBERG	1990	VÄGBYGGE	AU	EXPL		-	-	Utredningen inbegrep specialinventering, kart- och arkivstudier. Fyra bytomter, varav tre övergivna, ligger inom vägsträckningen och en femte-bebyggd-tangeras av den (Kramsta, Skovsta, Vallby, Ullvi, Ängeby). Intill några av dessa påträffades boplatsindikationer. Gravfält finns på ägorna till Kramsta, Vallby och Ängeby. Spridda gravar vid de andra.	
VSM	KÖPING MFL	KÖPING-ARBOGA	-	UV UPPSALA	LARS WILSON	1991	VÄGBYGGE	AU	EXPL		-	JÄÅ?-MEDELTID	Utredningen inbegrep provschakt. Sammanlagt nio lokaler undersöktes. En av dessa var mark i anslutning till en gårdstomt. Vid Vallby bytomt påträffades sentida (medeltida?) lämningar som sannolikt överlagrar en tidigare boplats.	
VSM	BADELUNDA	LUNDBY		VÄSTMANLANDS LÄNS MU	V ÖHNEGÅRD	1985	-	FU	EXPL?		-	-	Noggrann undersökning av förmodad äldre bytomt. Varken kulturlager eller artefakter påträffades.	
VSM	KOLBÄCK	HERREVAD	-	UV UPPSALA	LARS WILSON	1991	NYBYGGNATION	FU	EXPL		KERAMIK	JÄÅ	Utredningen visade att den tänkta exploateringsytan delvis berör Herrevads gamla bytomt men också ett flertal fornlämningar av boplatskaraktär.	
VSM	VÄSTERÅS	TUNBY GÅRD		UV UPPSALA	ULLA BERGQVIST	1991	NYBYGGNATION	FU	EXPL		-	BRÅ, JÄÅ, NYARE TID	Tunby by har medeltida anor. det äldsta säkra belägget är från 1367. Runt omkring finns flera registrerade fonlämningar bl a gravfält. Med maskin grävdes 21 schakt. I några schakt framkom bebyggelselämningar från nyare tid-troligen 16-1800-tal. Inga säkra lämningar från medeltid påträffades.	
VSM	BADELUNDA	KV BIRKA, BJURHOVDA	-	UV UPPSALA	ANDERS BIWALL MFL	1992	NYBYGGNATION	FU	EXPL	220 LÖPM	KERAMIK, JÄRNFRAGMENT M M	-	Exploateringsområdet ligger omedelbart SV om Bjurhovda bytomt och enl det äldre kartmaterialet har det varit bebyggt sedan 1600-tal. I schakten framkom delar av ett kulturlager, troligen medeltida. Vidare påträffades fyra härdar.	

LANDSKAP	SOCKEN	PLATS	RAÄ NR	INSTITUTION	GRÄVNINGSLEDARE	UNDERS ÅR	EXPLOATERAT	UNDERSÖKNTYP	UNDERSÖKNART	UNDERSÖKT YTA	FYND	DATERING	BESKRIVNING	ANM
VSM	DINGTUNA	LÖVSTA		UV	G MAGNUSSON	1972	VÄGBYGGE	UN?	EXPL		TEGEL, BEN	17-1800-TAL	Husgrunder m m karterades tillhörande den i samband med laga skiftet i mitten på 1800-talet avhysta byn Lövsta. De husgrunder, som låg inom blivande vägområde avtäcktes och genomgrävdes. Flera husgrunder har kunnat indentifieras på en storskifteskarta från 1700-talet. Undersökningen gav inga belägg för att byn har rötter i medeltid eller förhistorisk tid.	
ÅNG	ANUNDSJÖ	AGNSJÖGÅRDEN		UMEÅ UNIV	STOLPE, LINDQVIST	1960		UN	FORSK				Gården Agnsjö är belagd i skriftliga källor 1443. Vid undersökningen påträffades en förmodad husgrund samt ett medeltida fyndmaterial.	
ÅNG	SJÄLEVAD	GENE 5:1		UMEÅ UNIV, ARK INST	PER RAMQVIST	1977-87		UN	FORSK		-	JÄÅ, MEDELTID	Som ett led i ett forskningsprojekt rörande den agrara kulturens framväxt i Norrland under järnåldern undersöktes en stor järnåldersgård intill ett höggravfält. Den är sannolikt etablerad ca 100 e Kr. Totalt tolv långhus (0-600 e Kr) och ett mindre syllstenshus från 1200-talet är undersökta.	
ÅNG	ARNÄS	PRÄSTBORDET	1, 2	UMEÅ UNIV, ARK INST	PER RAMQVIST MFL	1987-90		UN	FORSK		-	VEND, VIK, MEDELTID	Undersökningen ingår i och utgör startpunkten för projektet "Undersökningen av den äldre bebyggelsekontinuiteten i Ångermanland". Fornl 2 var tidigare registrerad som tre gravhögar men det visade det sig vara tolv husgrunder från medeltid. Husen täcker en boplats från vendel-vikingatid. Den yngre järnålders hus var stolpbyggda medan de medeltida husen var byggda i timmerteknik. Fem av de synliga husen har undersökts.	EL ARNÄSBACKEN
ÅNG	GRUNDSUNDA	KYRKESVIKEN	121	UMEÅ UNIV, ARK INST	GRUNDBERG MFL	1990-92		UN	FORSK				På platsen fanns en synlig grund som tolkades som resterna efter socknens första kyrka. I anslutning till husgrunden framkom medeltida bebyggelselämningar.	
ÅNG	TORSÅKER	BJÖRNED	23	UMEÅ UNIV	GRUNDBERG	1992		UN	FORSK				Inom ramen för projektet "Styresholm-projektet" undersöktes en tidigkristen begravningsplats i Björned. I anslutning till platsen framkom ett eller flera medeltida hus.	
ÖG	VÄSTRA HUSBY	BROBY 3:1		UV MITT	HELENE BORNA	1989	GOLFBANA	AK	EXPL		-	TROL NYARE TID	Vid kontrollen upptogs nio schakt samt en mindre yta om 50 m². Det enda av antikvariskt intresse som påträffades var en klar stensamling, uppe på Broby bytomt, vilken troligen utgör resterna av en husgrund.	
ÖG	BJÄLBO	BJÄLBO TRÄDGÅRD		ÖSTERGÖTL LÄNS MUS	GÖRAN TAGESSON	1990	LEDNINGSDRAGNING	AK	EXPL		KRITPIPA	-	En schaktkontroll av ett ca 92 m långt schakt i gårdstomtens norra del. I dess östra del hittades ett lager med skärvsten och sot. I schaktets mellersta del fanns på en sträcka av 8 m ett raseringslager med stenar, tegel och kalkbruk samt fynd av en kritpipa. Området berör ena hörnet av fornl 7, plats för undersökning av bl a medeltida amurar 1929.	

LANDSKAP	SOCKEN	PLATS	RAÄ NR	INSTITUTION	GRÄVNINGSLEDARE	UNDERS ÅR	EXPLOATERAT	UNDERSÖKN-TYP	UNDERSÖKN-ART	UNDERSÖKT YTA	FYND	DATERING	BESKRIVNING	ANM
ÖG	KULLERSTAD	RIBBINGSHOLM 1:1	FÖR BI 75	UV MITT	ULF STÅLBOM	1990	TELELEDNING	AK	EXPL		-	MÖJL VIK, MEDELTID	Kontrollen föranleddes av att Hallstads bytomt som var föregångare till säteriet Ribbingsholm skall ha legat vid nuvarande gården där schaktet drogs. En härdgrop och en härd framkom. Härdarna kan möjligen vara från bytomtstid, vikingatid-medeltid?.	FLERA FASTIGH INBEGR
ÖG	BORG	STG 6717, SKÄLV	27	UV MITT	ANDERS KALIFF	1991	VÄGBYGGE	AK	EXPL		-	FÖRHIST	Exploateringen berörde en ca 300 m lång sträcka i åkermark. I omedelbar närhet låg bl a Högby gamla tomt (fornl 186). I området mellan Högby och en hällristningslokal framkom ett mörkt kulturpåverkat lager med enstaka spår av bränd lera. Det har vid tidigare undersökningar i området tolkats som gamla odlingsytor. Åkrarna i området har haft ungefär samma läge sedan åtminstone mitten 1600-talet (äldsta kartan 1649).	
ÖG	BORG, LÖT	ENEBY GAMLA TOMT	206	UV MITT	RIKARD HEDVALL	1991	HÄSTKAPPLÖPNINGSBANA	AK	EXPL		-	ROM JÄÅ-VIK, SENTID	Enligt en äldre karta har i Eneby legat fem gårdar. Äldsta belägget är från 1413. Vid anläggningsarbetet hade ett 16x100 m stort område schaktats ned. Fornlämningen kom ej att beröras av företagen sprängning.	
ÖG	LINKÖPING	MÖRTLÖSA, KALLERSTAD		UV MITT	KARLIS GRAUFELDS MFL	1988	INDUSTRI,VÄGAR	AU	EXPL		-.	-	En större fosfatkartering utfördes. Området omfattade en ca 2,4 km^2 stor yta som bl a innehåller hålvägar samt en delundersökt, vikingatida boplats och en medeltida bytomt vid Mörtlösa. Resultatet av fosfatkarteringen visade kraftigt förhöjda värden i anslutning till åkerimpediment och höjdryggar samt intill de registrerade fornlämningarna liksom den agrara bebyggelsen.	
ÖG	RYSTAD	MALMSKOGEN 10:1 MFL		UV MITT	KJELL JOHANSSON MFL	1989	INDUSTRIBEBYGGELSE	AU	EXPL		-	ÄLDRE JÄÅ?	En specialinventering och fosfatkartering utfördes. Kring Ensbo gårdstomt var fosfatvärdena förhöjda, troligtvis efter en sentida bebyggelse som tillkommit efter 1827.	
ÖG	BORG	BORGS SÄTERI		UV MITT	ANDERS KALIFF MFL	1990	VÄGBYGGE	AU	EXPL		-	VENDVIK	Förhöjda fosfatvärden finns inom stora delar av området, i synnerhet på det impediment där säteriet är beläget. Gården har medeltida anor, och strax öster om vägområdet stod Borgs gamla kyrka. I området drogs 18 schakt (4-37 m långa, 1,5-5 m breda). Främst i åkermark framkom boplatslämningar samt ett kulturlager. Boplatsen kan med hjälp av keramiken troligtvis dateras till vend-viktid.	
ÖG	LANDERYD	STORA LUND STG 4939	53 MFL	ÖSTERGÖTL LÄNSMUS	A-C FELDT	1990	NYBYGGNATION	AU	EXPL		-	HÖGMEDELTID	Vid utredningen hade man redan schaktat av de aktuella ytorna. I schaktkanterna påträffades ett brandlager (C14-datering: 1270+-95 år e Kr). Platsen är ett utmärkt boplatsläge och har sannolikt nyttjats som sådant sedan jää/vik och fram till nutid.	

LAND-SKAP	SOCKEN	PLATS	RAÄ NR	INSTITU-TION	GRÄV-NINGS-LEDARE	UN-DERS ÅR	EXPLOA-TERAT	UNDER-SÖKN-TYP	UNDER-SÖKN-ART	UNDER-SÖKT YTA	FYND	DATE-RING	BESKRIVNING	ANM
ÖG	VÄSTER-LÖSA	VÄSTER-LÖSA 15:1	-	UV MITT	MATS LARSSON	1990	NYBYGG-NATION	AU	EXPL		-	-	En utredning i form av provschakt utfördes. Området befanns intressant då det tidigare påträffats en boplats från äldre järnålder strax intill. Dessutom ligger området i närheten av kyrkan vilket gav en möjlighet att undersöka ett centralt område i den medeltida byn. Totalt grävdes sju schakt. Inget av antikvariskt värde framkom.	
ÖG	VÄSTER-LÖSA	VÄSTER-LÖSA 6:11, 6:24		UV MITT	MATS LARSSON	1990	NYBYGG-NATION	AU	EXPL		-	JÄRN-ÅLDER	Tomterna befanns intressanta då det enl äldre kartmaterial inte kan iakttagas någon bebyggelse efter 1750-talet, vilket innebar en möjlighet att undersöka ett orört område inom den medeltida byn. Undersökningen av tomt 6:11 gav inget resultat i form av äldre bebyggelse. Däremot framkom på tomt 6:24 boplatslämningar från järnålder.	
ÖG	BJÄLBO	BJÄLBO FOGDE-GÅRD		ÖSTER-GÖTL LÄNS MUS	GÖRAN TAGESSON	1992	BEVATT-NINGS-DAMM	AU	EXPL		DJURBEN, BRÄND LERA	-	Ytan om 7000 m2 ligger på Bjälbo Fogdegårds marker, på åkermark norr om mangården. Läget utgör högsta delen av en Ö-V höjdrygg. I dess sydsluttning ligger det medeltida Bjälbos bytomt. Genom en rad undersökningar inne i byn har dokumenterats gravar och bebyggelselämningar från år 0 fram till och med nutid. I det nu aktuella området framkom ett 0,1-0,2 m tjock kulturlager med skärvsten samt härdar, stolphål och avfallsgropar.	
ÖG	DRAGS-BERG	MARBY 6:1 MFL	137 MFL	UV MITT	ULF STÅLBOM	1992	NYBYGG-NATION	AU	EXPL		-	BRÅ-YNGRE JÄÅ	Fyra områden fosfatkarterades. Områdena är utvalda utifrån topografiska bedömningar om lämpliga boplatslägen och närhet till kända fornlämningar. Kraftigt förhöjda fosfatvärden fanns bl a vid Marby gård och Unnerstads gård, sannolikt del av bytomten.	
ÖG	RINGA-RUM	RINGA-RUMS PRÄST-GÅRD	IN-TIL L 28	UV MITT	M SKJÖL-DEBRAND MFL	1992	NYBYGG-NATION, VÄG	AU	EXPL		-	-	En arkeologisk utredning utfördes vid Ringarums Prästgård. Vid besiktning iakttogs ett möjligt förhistoriskt boplatsläge i åkern öster om kyrkan samt att området omedelbart söder om kyrkan som kunde dölja medeltida bebyggelselämningar. Utredningen visade att områdena helt saknade medeltida lämningar. Inte heller i åkern öster om kyrkan kunde någon förhistorisk aktivitet beläggas.	
ÖG	TRYSE-RUM MFL	KURUM 2:12 MFL	230 MFL	UV LIN-KÖPING	ANNIKA HELANDER	1992	TELE-LEDNING	AU	EXPL		-	MEDEL-TID-NY-ARE TID	Vid tre av de åtta platserna planerade kabeln att dragas invid äldre bebyggelse, som kan ha uppstått redan under medeltid. Vid två av bytomterna, Ingelsbo och Långrodna, påträffades större stenar, sannolikt hägnader som fungerat som gränsmarkeringar inom byn. Den tredje bytomten, i Berghamra, saknade denna typ av lämningar. Endast ett skifferbryne framkom i bottenleran.	
ÖG	VÄDER-STAD	TUNGE-LUNDA III	-	UV MITT	RIKARD HEDVALL MFL	1992	NYBYGG-NATION	AU	EXPL	200 LÖPM	-	-	En utredning i form av schaktgrävning gjordes intill Tungelunda bytomt. Inget av arkeologiskt eller historiskt värde framkom.	

LANDSKAP	SOCKEN	PLATS	RAÄ NR	INSTITUTION	GRÄVNINGSLEDARE	UNDERS ÅR	EXPLOATERAT	UNDERSÖKNTYP	UNDERSÖKNART	UNDERSÖKT YTA	FYND	DATERING	BESKRIVNING	ANM
ÖG	VRETA KLOSTER	HEDA		UV	CHATARINA NILSSON	1978	NYBYGGNATION	FU	EXPL		KERAMIK, KAKEL M M	STÅ-NUTID	Både en fosfat- och provundersökning har utförts. Provundersökningen berörde ett ca 100 hektar stort område. Större delen var relativt öppen betesmark, men har även inslag av åker och skog. Inom området finns ett övergivet byläge, fossila odlingsrester, terrasseringar, torp.	BRUNN BYOMRÅDET
ÖG	LANDERYD	BOGESTAD	INVID 11 MFL	UV MITT	CARIN CLAREUS	1985	GOLFBANA	FU	EXPL		MED RÖDGODS	MEDELTID	Flera områden förundersöktes. Förundersökningen föregicks av en fosfatkartering. På en moränhöjd öster om Bogestads gård invid fornl 11 framkom härdar och en stensamling (tolkades som en medeltida husgrund). Vid ett mindre impediment 0,6 km nordost om gården påträffades sotfläckar, härd och grop. Lämningarna tolkades som en medeltida boplats.	
ÖG	ST JOHANNES	BRÅNNESTAD, SMEDBY	8,89	UV MITT	LARS SJÖSVÄRD	1988	NYBYGGNATION	FU	EXPL		KERAMIK, LERKLINING M M	YNGRE JÄRNÅLDER	Det aktuella området gränsar till Smedby bytomt (fornl 89) och ett större yngre järnåldersgravfält (fornl 8). Smedby bytomt har tidigare delvis undersökts och daterats till vendeltid-medeltid-nutid. I den östra delen framkom kulturlager, härdar och stolphål i åkermarken under matjorden. Inom exploateringsområdet omfattar boplatsen ca 60 000 m², men fortsätter mot öster, utanför detta område.	
ÖG	BORG, LÖT	KLINGARESEBRO	170 MFL	UV MITT	BENGT ELFSTRAND	1989	GOLFBANA	FU	EXPL		FÖRHIST KERAMIK	VIK-NY TID	Sju fornlämningslägen förundersöktes. Intill Resebro bytomt (fornl 170) drogs ett schakt i ett område med höga fosfatvärden, troligen efter byns åkersystem. I botten på plöjskiktet kom förhistoriska krukskärvor. I ett annat schakt intill en trolig boplats (fornl 167) kom svarta/gråa plöjskiktslager också från Resbro bytomts åkersystem.	
ÖG	KVILLINGE	STRÖJA GAMLA TOMT	103	UV MITT	LENA BERONIUS MFL	1989	VÄGBYGGE	FU	EXPL		-	NYARE TID, ODATERAD	En förundersökning av bl a Ströja gamla tomt (fornl 103), en by med medeltida ursprung, övergiven vid 1900-talets början. Enl den äldsta kartan från 1700-talet låg själva gårdstomterna norr om vägen. Ett schakt drogs norr om och två schakt drogs söder om vägen. Spöder om vägen framkom endast gropar och norr om påträffades en stensyll av oklar datering.	
ÖG	GRYT	ÅBÄCKSNÄS	136	UV MITT	HELENE BORNA MFL	1990	GOLFBANA	FU	EXPL		-	-	En utredning i form av provgrävning samt en förundersökning utfördes. Inom området finns bl a en registrerad rest av bytomt (fornl 136), känd från 1726 års karta. Stora delar av sydsluttningen där byn troligen legat, har utsatts för grustäkt. Platsen har även i sen tid använts som soptipp. Inget av antikvariskt intresse framkom.	

LAND-SKAP	SOCKEN	PLATS	RAÄ NR	INSTITU-TION	GRÄV-NINGS-LEDARE	UN-DERS ÅR	EXPLOA-TERAT	UNDER-SÖKN-TYP	UNDER-SÖKN-ART	UNDER-SÖKT YTA	FYND	DATE-RING	BESKRIVNING	ANM
ÖG	LEDBERG	OMR K, MALM-SLÄTT	24	UV MITT	MATS LARSSON	1990	NYBYGG-NATION	FU	EXPL		-	-	Under 1989 fosfatkarterades området med anledning av närhet till gravfält (fornl 17) och bebyggelselämning, gården Karlsberg (fornl 24). Gården Karlsberg finns på 1700-tals kartorna och ev skulle den kunna härledas tillbaka till äldre tid. Ett schakt drogs genom den nedrivna gården Karlsberg för att kontrollera ev äldre bebyggelse i anslutning till denna. Inget äldre material påträffades.	
ÖG	NORR-KÖPING	KV BUK-TEN MFL	35	UV MITT	CECILIA ÅQVIST	1990	NYBYGG-NATION	FU	EXPL		-	-	Inom området låg Rosengården, en trolig primärenhet omnämnd av G. Franzen och belagd redan 1453. Fem schakt grävdes. I ett schakt framkom ett 0,1 m tjockt kulturlager. I ett annat schakt påträffades en grop och ett dräneringsdike. Både kulturlagret och anläggningarna saknade daterande fynd.	
ÖG	LINKÖ-PING	MÖRT-LÖSA		UV MITT	N-G NY-DOLF MFL	1991	NYBYGG-NATION, VÄG	FU	EXPL	525 LÖPM	KERAMIK, RING-SPÄNNE	YNGRE JÄÅ-NYARE TID	Vid förundersökningen togs 20 schakt upp med maskin. Schaktbredden på 3 m utökades eller minskades där det var påfodrat, schaktlängden varierade mellan 3 och 54 m och schaktdjupet mellan 0,2 och 1,7 m. I området sydväst om Mörtlösa bytomt påträffades lämningar efter en bosättning som föregått den medeltida byn, stolphål, härdar, ugnar och stenpackningar.	
ÖG	BORG	STG 6702	276	UV LIN-KÖPING	ANDERS KALIFF	1992	VÄG-BYGGE	FU	EXPL		-	VEND-NYARE TID	Förundersökningen har föregåtts av utredning samt en begränsad förundersökning. Denna förundersökning har varit av kompletterande natur, för att fastställa fornlämningens karaktär och mer noggrant datera denna. Under olika deletapper har 44 schakt om 590 löpmeter grävts vid Borgs säteri. Även denna förundersökning berör detta område. Ett kulturlager och anläggningar framkom.	
ÖG	GAMMA LKIL	KRÅNGE-STAD 5:5		UV MITT	ANN-LILI NIELSEN	1992	NYBYGG-NATION	FU	EXPL		-	-	Det aktuella området som ligger inom Kångestad gamla bytomt finns med på karta från 1697. Området har i sen tid utnyttjats som åkermark. I övrigt finns inga registrerade fornlämningar i närheten av exploateringsområdet. Två schakt grävdes. Inget av antikvariskt intresse framkom.	
ÖG	S:T JO-HANNES	KV SKÅLS-VAMPEN	89	UV MITT	PETRA NORDIN	1992	BOLL-PLAN	FU	EXPL		-	-	En förundersökning inom Smedby bytomt (fornl 89). Fornlämningen ligger i nära anslutning till ett gravfält från yngre järnålder (fornl 8). Området delundersöktes 1980. Fyra schakt (vardera 4x2 m) utfördes. Enl överenskommelse avslutades schaktningen vid det förmodade kulturlagrets ytskikt. Vid schaktgrävningen konstaterades det attt ett 0,1 m tjockt lerlager påförts fornlämningen.	

LAND-SKAP	SOCKEN	PLATS	RAÄ NR	INSTITU-TION	GRÄV-NINGS-LEDARE	UN-DERS ÅR	EXPLOA-TERAT	UNDER-SÖKN-TYP	UNDER-SÖKN-ART	UNDER-SÖKT YTA	FYND	DATE-RING	BESKRIVNING	ANM
ÖG	VRETA KLOSTER	KNI-VINGE BYTOMT	-	UV MITT	L LIND-GREN-HERTZ	1992	ELLED-NING	FU	EXPL	100 LÖPM	-	-	En förundersökning inom Knivinge bytomt utfördes. Ortnamn med ändelsen -inge går tillbaka till förhistorisk tid. Det första skriftliga belägget för Knivinge by är från 1344. Från 1690- och 1760-talen finns kartor. Byn bestod då av tre gårdar. Schakt maskingrävdes samt sju provschakt (0,4 m breda och 0,7 m djupa). Inga medeltida eller äldre lämningar berördes iom bytomten.	
ÖG	S:T JO-HANNES	SMEDBY	89	UV MITT	RAGNHILD FERN-HOLM	1980	VÄG	UN	EXPL	1900 m²	VENDISKT SVART-GODS, RÖDGODS M M	TROL YNGRE JÄÅ/NU-TID	Fornl 89 utgörs av en avhyst bytomt med tre gårdar som enl kartmaterial sträcker sig till 16-1700-tal. Namnet Smedby finns belagt sedan 1401. Bytomten ligger i anslutning till ett större gravfält från yngre järnålder. Undersökningen syftade till att finna en kontinuitet av bebyggelsen ned i järnålder. Här framkom 60 anläggningar som stopphål, härdar m m samt fragmentariska rester av en av 16-1700-talsgårdarna.	
ÖG	KIMSTAD	EKE BY-TOMT	206	UV MITT	CARIN CLAREUS MFL	1984	VÄG E4	UN	EXPL		-	FÖR-HIST?-MED, SEN TID	För- och delundersökning i anslutning till Eke medeltida bytomt (fornl 206), varvid rester av gårdskomplexet framkom, rester av stenhägnader och delvis uppplöjda huskonstruktioner.	
ÖG	LINKÖ-PING	MÖRT-LÖSA, STG 940A		UV MITT	RAGNHILD FERNHOL M MF	1987	VÄG-NY-BYGG-NATION	UN	EXPL		VENDISKT SVART-GODS M M	VIK-TID MEDEL-TID	En för- och slutundersökning gjordes. I anslutning till södra kanten på en moränhöjd framkom härdar och mörkfärgningar samt rester av huskonstruktioner, varav de förstnämnda anläggningarna kunde tillhöra en förhistorisk boplats. Huslämningarna härrör troligen från en bytomt, vilken är belagd i kartmaterial från 1600-talet och framåt. Bytomten har med stor sannolikhet sitt ursprung före 1600.	
ÖG	BORG, LÖT	SKÄLV 6717	99, 186	UV MITT	KARIN LIN-DEBLAD MFL	1989	VÄG-BYGGE	UN	EXPL		KERAMIK, BEN M M	JÄRN-ÅLDER	Det aktuella området berörde bl a Högby gamla tomt (fornl 186). Det äldsta skriftliga belägget är från 1398. Byn lades ned i samband med laga skiftet 1864. Av den medeltida byn påträffades inga lämningar. Däremot framkom det förhistoriska och efterreformatoriska anläggningar i och i anslutning till det på kartan från 1821 utmärkta byläget. Anläggningarna utgjordes av stolphål, härdar, syllstensrader m m.	
ÖG	LINKÖ-PING	TORNBY, LILLA ULLEVI		UV MITT	ULF STÅL-BOM	1989	INDUST-RIETAB-LERING	UN	EXPL		KERAMIK, BRÄND LERA M M	YNGRE JÄRNÅL-DER	Ett ca 3000 m2 stort område invid Lilla Ullevi gård undersöktes. Vid undersökningarna framkom rester av ett boplatsområde från yngre järnålder. Anläggningarna utgjordes av stolphål, härdar mm. Sannolikt fanns inget kulturlager.	
ÖG	BORG, LÖT	ENEBY GAMLA TOMT	206	UV MITT	L LIND-GREN-HERTZ MFL	1991	HÄST-KAPP-LÖP-NINGS-BANA	UN	EXPL		YNGRE RÖDGODS M M	ROM JÄÅ, VIK-1600-T	Vid undersökningen rätades de släntschaktade schaktkanterna med maskin och lagerstratigrafi studerades, ett parti om 4 m² handgrävdes. Under kulturlagret från den eftermedeltida bebyggelsen låg ett 0,4 m tjockt kulturlager med kol och bränd lera. Under kulturlagret framkom ett stolphål med bränt trä. C14-analys har daterat stolphål och ett kollager till rom jää och vikingatid.	

LANDSKAP	SOCKEN	PLATS	RAÄ NR	INSTITUTION	GRÄVNINGSLEDARE	UNDERS ÅR	EXPLOATERAT	UNDERSÖKN-TYP	UNDERSÖKN-ART	UNDERSÖKT YTA	FYND	DATERING	BESKRIVNING	ANM
ÖG	BJÄLBO	BJÄLBO TRÄDGÅRD	26	ÖSTERGÖTL LÄNS MUS	GÖRAN TAGESSON	1992	NYBYGGNATION	UN	EXPL		BULTLÅSNYCKEL M M	MEDELTID, NYARE TID	På 1992 års undersökningsytas västra del hittades anläggningar med medeltida fyndmaterial. I norr hittades en husgrund samt flera anläggningar hörande till Oxlagården, vilken dateras till 1500-talets början. Den har övergivits under 1600-talet.	
ÖG	BORG	BORGS SÄTERI 6702	276	UV MITT	KARIN LINDEBLAD MFL	1992	VÄGBYGGE	UN	EXPL		KERAMIK, KAMMAR, PÄRLOR M M	JÄÄ-MEDELTID	Området ligger i anslutning till Borgs bytomt och medeltida kyrka. Vid undersökningen framkom ett upp till 0,8 m tjockt kulturlager med boplatslämningar från främst yngre järnålder. Syllhus med stenlagd gårdsplan, härdar, väggrännor mm påträffades.	
ÖL	HULTERSTAD	HULTERSTAD BY	73 MFL	UV	HELLA SCHULZE	1979	VA-LEDNING	AK	EXPL		KERAMIK, PÄRLA, PILSPETS M M	VIK, MEDELTID-NUTID?	En ledning grävdes i Hulterstads by. Strax söder om byn finns ett gravfält med gravformer från yngre järnålder och i själva byn har man hittat gravar från äldre järnålder. I byn fanns på ett par ställen ett fett, svart kulturlager, delvis med ospjälkade djurben som ev kan dateras till medeltid-nutid. Strax öster om byn framkom en härd/avfallsgrop fr vikinaatid.	
ÖL	BREDSÄTRA	BREDSÄTRA 5:1	39	UV	HELLA SCHULZE	1983	NYBYGGNATION	FU	EXPL		BEN,JÄRN SLAGG, JÄRNFRAGMENT	-	Ca 15 provschakt, de flesta 1,5 m djupa, grävdes med maskin över hela området, det mesta i åkermark. I öster påträffades något som kan vara grundrester efter en byggnad från medeltid-nyare tid, ev två byggnader.	
ÖL	ALGUTSRUM MFL	ALGUTSRUMS BY MFL	11 MFL	KALMAR LÄNS MUSEUM	MATS BLOHME	1988	TELEKABEL	FU	EXPL		-	-	Fyra delar av sträckan som låg nära säkra eller förmodade fornlämningar valdes ut: Isgärde by (Glömmninge sn), Algutsrums by m fl. Sammanlagt grävdes åtta provgropar och ett schakt. Ingenstans påträffades något som föranleder ytterligare antikvariska åtgärder.	
ÖL	ÅS	ÖLANDS SÖDRA UDDE	80	KALMAR LÄNS MUSEUM	MIKAEL NILSSON	1988	KABELSCHAKT	FU	EXPL		-	-	Ett kabelschakt drogs strax intill tre troliga medeltida husgrunder, belägna intill Ottenby fågelstation. Inget av antikvariskt värde påträffades.	